活躍する
若手社員を
どう育てるか

山内祐平 [編著]

慶應義塾大学出版会

はじめに

　本書は、「活躍する若手社員をどう育てるか　研究データからみる職場学習の未来」というタイトルが示すとおり、若手社員を成長させる職場学習に関する調査研究をまとめたものである。

　この調査研究は、東京大学大学院情報学環と株式会社マイナビの共同研究として行われ、著者は全員この共同研究チームのメンバーである。

　私は「情報学環」という情報化社会のあり方を学際的に研究する組織において、ICT を活用した高度な学習に関してプロジェクト型の研究を行ってきた。

　例えば、オンライン学習で知識を予習し、その後対面型学習で協調学習を行うことによって知識と思考力を高次元で両立させる「反転学習」の研究や、Facebook を用いて大学生と社会人をつなぎ、コミュニティの中で深いキャリア学習を実現するためのソーシャルラーニングの研究などを行ってきた。これらの研究の詳細については、拙著『学習環境のイノベーション』（東京大学出版会）をご覧いただければ幸いである。

　我々研究チームがこだわっていることは、変化の激しい情報化社会において 100 年に達するといわれる人生を充実した形で過ごすためには、生涯にわたる学びを支える学習環境を整備する必要があるという点である。ICT を用いた学校教育の高度化はもちろんのこと、その後数十年にわたる働きながら自分を育てる期間や、趣味など人生を豊かにするための学びを含めて、さまざまな形で学びを支えるための仕組みが社会の中に豊かに用意されてはじめて、幸せな人生を送ることができるだろう。

　働きながら自分を育てる期間については、長い時間を過ごす職場のあり方が重要である。この領域については、我々がかつて ICT を用いた協調学習の研究をしていた際のパートナーであった立教大学の中原淳教授が領域開拓的な仕事をされている。中原教授は多くの著書を出されて

いるが、『職場学習論』や『経営学習論』（いずれも東京大学出版会）など
をご覧いただくと、この領域の研究の概要を理解していただけると思う。

　今回我々がこの職場における経験学習の領域で研究することになった
きっかけは、株式会社マイナビの土屋裕介氏と出会ったことである。土
屋氏は、「ムビケーション」という主観映像シミュレーションによるオン
ライン研修の仕組みを開発されており、デジタル教材を長年開発して
きた我々から見てもすばらしい教材開発をされていた。土屋氏とさまざ
まな情報交換をさせていただくなかで、現在の研修が新入社員と中間管
理職向けがほとんどであり、その間のサポートが十分ではないという課
題意識を持つようになった。

　考えてみると、現代の20代は私が20代であった30年前とは比べ物
にならない厳しい状況でキャリアをスタートさせている。就職活動が厳
しいこともちろんであるが、雇用状況が流動化し正規雇用・非正規雇
用が入り混じる職場環境において、イノベーションが常に求められるプ
レッシャーの中で経験を積んでいかなければならない。昨今は想定と違
ったという理由での離職も増えている。離職や転職は変化の契機になる
こともあるので必ずしもネガティブなものだけではないが、それをきっ
かけに精神的に追い込まれるようなケースを見聞きするたびに心が痛む。
もちろん、現在でも上司や同僚がしっかり若手の成長を支え、人事がし
っかりサポートしている事例は数多くある。そういう意味では、うまく
若手を伸ばしている企業とそうでない企業の2極化が進んでいるのかも
しれない。

　この本では、このような状況にある20代若手社員の支援の前提とな
る20代若手社員の経験学習に関する調査研究についてまとめている。

　本書は三部構成になっており、第1部（1章・2章）で若手社員をめぐ
る現状と調査の狙いを説明した上で、第2部（3章・4章）で活躍する若
手社員のパーソナリティに関する知見をまとめ、第3部（5章・6章・7
章）において活躍する若手社員を育てるキー概念を紹介している。また、
あとがきでは共同研究パートナーである株式会社マイナビの土屋氏から、

人材育成の現場から見た本研究の位置づけについて解説いただいた。最初から最後まで通して読んでいただければ20代若手社員の現状が立体的に把握できるように構成しているが、関心に応じて辞書的に読んでいただくこともできる。それぞれの章の概要は以下のとおりである。

第1章　なぜ今「若手社員の育成」が重要なのか

　第1章では、昔から重要視されてきた若手社員の育成について、今なぜ取り扱うのかについて解説されている。「若手人材の育成のこれまで」が、新卒学生を手厚い研修と職場での育成によって、その会社でのみ通用する企業特殊的技能を身につけ、一人前の会社専門家へと染め上げるプロセスであったのに対して、「若手人材の育成の今とこれから」とは，高度な専門性と豊かな素養を持った学生を即戦力人材として採用し、多様化する個人のニーズを考慮したキャリア自律を個別的に支援することで事業・経営に貢献する人材を育てるという変化があることを前提とし、労働力不足やイノベーションの常態化、終身雇用制の崩壊などから「若手社員の早期戦力化」の重要性が高まっていることを指摘している。

　従来、若手社員の育成はOJTによって行われてきたが、特に「マネジャーの多忙化」と「育成内容の高度化・複雑化」によってこのシステムは限界に達しつつある。

　田中はこの問題を解決するための方向性を若手社員の育成に関する研究の動向をレビューした上で、「他社でも通用する高度な専門性を持ち、同時に自組織に対して高いエンゲージメントを有して活躍し続ける若手社員」の育成であると述べている。

第2章　活躍する若手社員の実像を探る──調査の概要

　第2章では、第1章で導き出した方向性で若手社員を育成するために、「他社でも通用する高度な専門性を持ち、同時に自組織に対して高いエンゲージメントを有して活躍し続ける若手社員」を「活躍する若手社員」とした上で、その実態調査の枠組みについて述べている。具体的には、①活躍する若手社員の特徴は何か、②活躍する若手社員はどのよう

に育成できるかという2つの問いをたて、この2つの問題に共通して影響する要素として「パーソナリティ」と「行動・環境」を挙げている。また、3章から7章までで用いられた質問紙調査の概要についても説明している。

第3章　若手社員のパーソナリティとは

　第3章では、パーソナリティ概念の基軸となるビッグファイブ理論を紹介した上で、若手社員においてこの理論の5因子構造が得られるかという問1と、若手社員のパーソナリティ特性を記述する上で5因子に追加すべき項目は何かという問2を提示している。

　この問いに対して4つの調査が行われているが、それらをまとめると、以下のような結論を得ることができる。

　問1については、各因子の概念範囲が既存尺度とは一部異なることが明らかになり、概念範囲を修正し、「職場での外向性、職場での協調性、勤労性、職場での情緒安定性、職場での開放性」という5因子が得られている。

　問2については、「仕事の習熟への積極性、仕事の楽しさへの肯定性、成長への貪欲さ、業績向上への積極性」という若手社員についての独自項目を抽出している。

　この研究結果を受け、若手社員育成に向けて以下の3点を提案している。

（1）既存尺度に押し込めずに独自性を理解する

（2）持論だけではなく理論的枠組みをもとに語る

（3）パーソナリティの変化を望まずに能力を改善する

第4章　若手とミドルエイジのパーソナリティの違い

　第4章では、若手社員とミドルエイジ以降の社員のパーソナリティを比較することで、「今現在」活躍している若手社員のパーソナリティの中で、それらの若手社員がミドルエイジになったときまで重要となるパーソナリティを明らかにし、ミドルエイジでの活躍において新たに重要

になると考えられるパーソナリティについて考察している。

パーソナリティ特性語や仕事上での行動、一皮むけた経験について人事評価との関係などを分析したところ、以下のようなことが明らかになった。

- ・20代中位・ミドル中位・ミドル下位では最も頻出する語に「真面目な・穏やかな・大人しい」といった語が含まれている
- ・20代・ミドルの上位群に共通した特徴として、「行動的な」「積極的な」「前向きな」といった語がランクインしている
- ・20代中位と20代上位の位置は近接しており、中位であっても、職場での経験や教育によってミドルエイジに入ったときに上位人材となり得る可能性を内包している
- ・ミドル上位独自の頻出語に、「結果を出す」「成果を出す」があり、20代上位の「仕事を取りに行く」「チャレンジする」と比較してより結果志向である
- ・若手からミドルへの成長に関して「仕事・業務の遂行」「自分でやりきる」「上司・先輩から認められた」という一皮むけた経験が効いている可能性がある

これらの結果などから、実践への示唆について以下の3点が提起されている。

- （1）個人の専門性や経験を尊重しながら、その拡張・多様化について考える
- （2）キャリアの行く先について見える化する
- （3）個々人に合った感情的交流

第5章　仕事からどう学ぶのか――思考のモデリング

第5章では若手社員の経験学習を深めるための最初のキー概念として、「思考のモデリング」（職場における上司や先輩の仕事中の考え方や工夫に関する方略を新人が観察して学び、仕事の概念モデルを形成すること）を取り上げ、以下の3つの仮説について検証した。

仮説1：思考のモデリングは経験学習に正の影響を与える
仮説2：思考のモデリングは職場における能力向上に正の影響を与える
仮説3：経験学習は職場における能力向上に正の影響を与える

　調査の分析から、仮説1については、経験学習のなかでも「具体的経験」にのみ正の影響を与えることがわかった。仮説2についても支持されたが、その影響の度合いは、経験学習の「内省的観察と抽象的概念化を通した能動的実験」が職場における能力向上へ与える影響に比べると小さいことがわかった。仮説3については、経験学習の「内省的観察と抽象的概念化を通した能動的実験」が職場における能力向上に正の影響を与えた一方、「具体的経験」が職場における能力向上に直接影響を与えなかったことが報告されている。その上で、職場における能力向上の上位群と下位群の比較から、活躍する若手社員は、仕事相手を観察していることに加え、分析しながら思考のモデリングをしているという特徴があることが明らかになった。
　この研究結果から、若手社員の人材育成のための方法として、以下の3点が提案されている。
（1）上司・先輩の思考を可視化する
（2）行動に隠れた「なぜ」「何のために」のコミュニケーションを促す
（3）思考の軌跡が残るものを若手社員に伝える

第6章　活躍につながる仕事の工夫——ジョブ・クラフティング

　第6章では若手社員の経験学習を深めるための2番目のキー概念として「ジョブ・クラフティング」（個人が仕事におけるタスクや関係的境界を物理的あるいは、認知的に変えること）を取り上げ、調査を行った。
　ジョブ・クラフティングは先行研究から、タスク次元ジョブ・クラフティング（仕事の中で行うタスクの数や範囲等を変更させること）、人間関係次元ジョブ・クラフティング（職場での他者との関わり方を量的、質的あるいは

両方変更させること）、認知次元ジョブ・クラフティング（仕事全体についての意味づけを変更すること）の3つに分類することができる。調査研究では、上司による業務プロセスへのフィードバックがこれらのジョブ・クラフティングや職場における能力向上に影響するのかどうかについて確認した。

その結果、上司による業務プロセスへのフィードバックはジョブ・クラフティングの全ての次元と，職場における能力向上に正の影響を与えることが確認された。次に、タスク次元ジョブ・クラフティングは業務能力向上と協働スキルの向上に、人間関係次元ジョブ・クラフティングは協働スキルの向上とタフネス向上に、正の影響を与えることが確認された。

これらの結果から、若手社員の人材育成のための方法として、以下の3点が提案されている。

（1）ジョブ・クラフティング事例について学ぶ
（2）上司は部下の業務プロセスに対してフィードバックを行う
（3）工夫をしてよい範囲を決める

第7章　どうすれば離職を防げるか——心理的居場所感

第7章では若手社員の意図しない離職を防ぐためのキー概念として「心理的居場所感」（仕事内容に対する意識や職場環境などの自己の状態を反映し、自分が役に立ち受け入れられていると感じ、自分らしく行動でき、安心していられる心の状態）をとりあげ、研究を行っている。

具体的には、若手社員に対して、職務満足感の影響を統制した上で心理的居場所感が離職意図に与える影響を検討している。

その結果、男性においては心理的居場所感が離職意図に有意な影響を与えていないのに対して、女性においては職務満足感を統制した上でも心理的居場所感が離職意図に負の影響を与えることが確認された。

また、統制変数の影響に関する分析において、仕事にやりがいや達成感を感じている人ほど離職意図が低くなる傾向があるという知見が得られ、特に女性に関しては、「自分の組織の給与体系は公正、妥当なもの

である」「自分の組織の昇進制度は公正、妥当なものである」といった職場環境における満足感が離職を防ぐ可能性があることが示されている。

　これらの知見から、若手社員の意図しない離職を防ぐための方法として、以下の3点が提案されている。

（1）研修や会議に工夫を加えてコミュニケーションの活性化を図る
（2）評価に対する納得感を生む
（3）目の前の業務がどのような仕事の一部なのか、誰の役に立っているのか提示する

　本書は学術誌に掲載された研究をベースとし、信頼性の高い情報提供を意識しているが、人材育成担当者や上司として働く社員の方に読んでいただくため、専門学術書に比べて平易な表現をするように心がけた。しかしながらいくつかの鍵になる概念については、専門用語を使わざるをえないこともあり、ここでその定義をまとめておく。

パーソナリティ

　本書では、辻ほか（1997）、髙橋（2010）を参考に、状況や時間を超えてある程度一貫し安定した（つまり通状況的一貫性と時間的安定性を備えた）、その人らしい独自の行動の仕方を決定する心理的特性であると定義する。

徒弟制での学習

　「観察、コーチング、実践の組み合わせを通して、徒弟がある領域のタスクを実行する方法を学ぶ」ことと定義されるものである（COLLINS et al., 1987）。元々は職場に焦点が当てられ、弟子が親方の行動を観察できるようにすることが重要だとされていた。その後、教育側の視点を強調した「認知的徒弟制」という概念も生まれている。

思考のモデリング

　「職場における上司や先輩の仕事中の考え方や工夫に関する方略を新人が観察して学び、仕事の概念モデルを形成すること」と定義されたも

の。徒弟制での学習におけるモデリングの概念を、職場での思考に焦点化したもの。

経験学習

　Kolb（1984）が提唱した学習理論。経験を軸に学習をプロセスとして考えている点が特徴である。「具体的経験」「内省的観察」「抽象的概念化」「能動的実験」の４つのプロセスから構築されており、このサイクルを回すことで学習が行われると考えられている。

ジョブ・クラフティング

　「個人が仕事におけるタスクや関係的境界を物理的あるいは，認知的に変えること」と定義される（WRZESNIEWSKI and DUTTON 2001）。個人の自発的な仕事の変更を指す。

心理的居場所感

　本書では、中村・岡田（2019）に従い、「仕事内容に対する意識や職場環境などの自己の状態を反映し、自分が役に立ち受け入れられていると感じ、自分らしく行動でき，安心していられる心の状態」と定義する。

OJT（On the Job Training）

　本書では、松尾（2017）の定義に沿い、「典型的には、上司と部下、先輩と後輩等、経験豊富な上位者が経験不足の下位者に対して、職務を遂行するのに必要な知識・スキルを移転する行為」と定義される。

　本研究のデータの一部は 2020 年からの新型コロナウイルス流行前にとられているが、本質的な労働経験に関する調査項目なので、導き出されたパーソナリティに関する知見や、今後の人材育成のキーワードである「思考のモデリング」「ジョブ・クラフティング」「心理的居場所感」についてはウィズコロナの時代においてもその重要性は変化しないだろう。しかしながら、具体的な実装については、テレワークの状況や企業

が置かれている社会的環境などで変わってくるかもしれない。本書でまとめたのはあくまでも方向性であり、現場で知見を生かした具体的な創意工夫が行われ、多くの若手社員の成長機会につながることを期待している。

2021 年 11 月

山内祐平

目　次

第 1 部

若手社員育成の現状と調査の狙い

第1章

なぜ今「若手社員の育成」が重要なのか

　「うちの会社は若手の育成が課題で」「若手社員がなかなか定着しなくて困ってます」……この頃こうした若手社員の育成にまつわる悩みを企業の経営層や人事担当者からよく耳にするようになった。

　戦後以降、日本企業が注力し続けてきた「若手社員の育成」が今なぜ機能不全に陥っているのか。本章では、若手社員の育成にまつわる社会的背景・学術的背景を概観し、これからの若手社員育成を考える上で重要な論点を提示する。

1. 変わる「若手社員の育成」

　戦後、日本の企業は、さまざまな条件が折り重なるなかで、世界に類を見ない、ユニークな雇用システム（日本型雇用システム）を確立した。その一角を成すのが「新卒一括採用」といわれる仕組みである。欧米諸国の企業では「必要な時に、必要な資格・能力・経験のある人を、必要な数だけ採用する」という欠員補充方式を採用することが一般的である（濱口 2013）。それに対して、日本の企業では「学校卒業時に、能力・スキルを持たない学生を、これまでの慣習に従って毎年一定数採用する」という仕組みが取り入れられている。この新卒一括採用という仕組みが日本の雇用慣行として定着して以降、日本企業の人材育成において、仕事についてほとんど無知かつ白紙状態（tabula rasa）で入社する学生をい

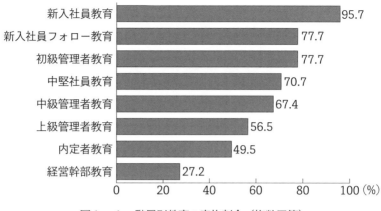

図 1 - 1　階層別教育の実施割合（複数回答）

出所：産労総合研究所（2019）

かに短期間で経営・事業に貢献する人材へと育て上げるかは常に重要な課題であり続けている。

　なかでも、新入社員の定着と育成を目的とした一連の人事施策はオンボーディングと呼ばれ、多くの企業が積極的に取り組んでいる。例えば、産労総合研究所が実施した「2019 年度（第 43 回）教育研修費用の実態調査」によれば、2019 年度予算で実施予定の教育研修について「新入社員教育」の実施率が最も高く 95.7％であった（図 1 - 1）。次いで、「新入社員フォロー教育」と「初級管理者教育」が同率で 77.7％、「中堅社員教育」70.7％と続いている。同調査主体が実施した過去の調査結果と比較しても、概ね同様の傾向が示されている。

　新入社員を対象とした手厚い教育研修を終えると、次に各職場で行われるのが OJT（On the Job Training）と呼ばれる育成システムである。OJT とは、「典型的には、上司と部下、先輩と後輩等、経験豊富な上位者が経験不足の下位者に対して、職務を遂行するのに必要な知識・スキルを移転する行為」（松尾 2017）を指す。学習研究の観点から見れば、OJT は職場という緊密かつ長期継続的な人間関係を土台とする実践共同体のなかで、上司や先輩などの熟達者の背中を見て学ぶ、という認知徒弟的な学習と捉えられる。集合型研修などの Off-JT（Off the Job

Training）と異なり、OJT は必ずしも明文化されていない企業固有の慣習やルーティンなどを含んだ企業特殊的技能を上の世代から下の世代へと安定的に世代継承することに適した仕組みである。終身雇用、年功序列といった日本型雇用システムの諸特徴と非常に相性がよい育成システムであり、若手社員の人材育成は OJT という日本の伝統的な育成システムによって支えられてきたといっても過言ではない。

　このように歴史的にみても、日本企業はこれまで若手社員の育成に対して手厚い支援を行ってきたことがうかがえる。しかし、それではなぜ、今あらためて「若手社員の育成」を問う必要があるのだろうか。その理由を端的に述べるとすれば、「若手社員の育成」を取り巻く状況・環境が大きく変化する一方、企業がその変化に十分に対応できていないと考えられるためである。

　ここでは、まず若手社員の育成を取り巻く変化を「早期戦力化」「個別最適化」「キャリア自律支援」という 3 つのキーワードで整理してみたい。

（1）早期戦力化

　1 つ目は「早期戦力化」である。従来、日本企業における若手社員の育成は、長期的に行われる点に特徴があった。ここでいう長期的とは、入社直後から行われる手厚い導入研修と職場の上司や先輩による手間暇かけた育成、そして部門をまたいだ幅広い人事異動によって、少しずつ着実に一人前の実務担当者へと育て上げるプロセスのことを意味する。高度経済成長期に発展を遂げた多くの日本企業にはこうした人材育成の仕組みが体系化されており、入社後 5 年から 10 年を人材開発投資の期間として位置づけていた（中原 2010）。しかし、後ほど詳しく述べるように、労働力人口の減少や事業スピードの高速化に伴い、若手社員を長期的に育てる余裕が失われ、人材育成を前倒ししようとする企業が増えている。最近では、大学や大学院など高等教育機関で専門的な知識・スキルを学んだ学生を職種別に採用したり、入社前の内定時期から人材育成を本格化する動きも見られている。

（2）個別最適化

　2つ目のキーワードは「個別最適化」である。これまで日本企業で行われてきた若手社員の育成は、集団管理的・全体最適的なものであった。例えば入社3年次研修など入社年次で若手社員を集団管理し、それぞれの人材セグメントに対して画一的な教育コンテンツを提供する集合型研修が伝統的に行われてきた。しかし、当然のことながら、一人ひとり強みや志向性の異なる若手社員の早期戦力化を果たすためには、そうした集団管理的・全体最適的な育成施策のみでは限界がある。そこで、若手社員の持つ才能を見極め、個人の強みやポテンシャルが早期に開発・発揮できるポストに配置し、一人ひとりに最適化された人材育成を行う必要が出てきた。このような若手社員の育成における個別最適化へのシフトの裏には、若手社員側の意識の変化も影響している。例えば、日本生産性本部・日本経済青年協議会（2019）が実施した新入社員「働くことの意識」調査によれば、新入社員が就職先を選ぶ基準は「自分の能力・個性が生かせるから」が29.6％と最も多かった。一方、同調査で50年前に就職先を選ぶ基準の第1位であった「会社の将来性」は年々減少傾向にあり、直近では10％以下となっている。こうした意識調査の結果からも、多様化する個人のニーズに応えるために個別最適の人材育成が求められているといえよう。

（3）キャリア自律支援

　3つ目のキーワードは「キャリア自律支援」である。終身雇用を前提とした時代においては、日本で「就職」と呼ばれているものの実態は「職に就くこと」ではなく「会社のメンバーになること」、つまり「就社」を意味していた。就社時代には、若手社員にとって入社した会社でのみ活用できる企業特殊的技能を習得することは社内での長期的なキャリアを形成する上で必要不可欠であった。しかし、成果主義の導入や相次ぐリストラを背景に、個人のキャリア意識は大きく変化した。定年までの職業人生を新卒で入社した会社に委ねる「就社」意識は薄れ、キャリアのオーナーシップを意識し、市場で通用する専門性を身につけよう

とする若手社員が増えている。その会社でのみ通用する企業特殊的技能から会社外でも広く活用できる一般的技能へ、若手社員の学習ニーズがシフトすることに伴い、企業は社員のキャリア自律をキャリア初期から支援することが求められるようになった。人材流出を懸念して若手社員のキャリア自律支援には慎重な態度を取る企業も見られるが、キャリアの自律と組織コミットメントの関連を検討した研究によれば、キャリア自律は個人のキャリア形成を促進するだけでなく、組織への貢献意欲を高めることにもつながることが明らかになっている（堀内・岡田 2009）。

　以上、3点の変化をまとめると、「若手社員の育成のこれまで」とは、職業的専門性を持たない新卒学生を大量に迎え入れ、入社後の集団管理・全体最適による教育研修と職場での育成によって、長期的にその会社でのみ通用する企業特殊的技能を身につけ、一人前の会社専門家へと染め上げるプロセスを意味するものであった。それに対して、「若手社員の育成のこれから」とは、高度な専門性と豊かな素養を持った学生を即戦力人材として採用し、多様化する個人のニーズを考慮したキャリア自律を個別的に支援することで事業・経営に貢献する人材を育てる、という意味で捉えられるようになった。

2. 「若手社員の早期戦力化」が求められる時代背景

　以上、みてきた3つの変化の中でも特に、人材育成の現場に大きな影響をもたらしているのが「早期戦力化」である。そこで、ここからは「迅速な社会化（swift socialization）」とも呼ばれるこの問題が、一体どのような背景のもとで生じているのか、また何がそれを問題たらしめているのか、順を追って見ていくことにする。

　まず、若手社員の早期戦力化に注目が集まる背景について、「社会（労働市場）」「企業（経営）」「個人」の3つの観点から述べる。

（1）社会（労働市場）からの視点

　第1に、社会（労働市場）からの視点である。2010年代半ば以降の日本の労働市場を示す顕著な傾向の1つが「供給不足（労働力不足）」である。2014年にわが国の有効求人倍率（1人の求職者に対する求人数）が1倍を超えて以降、日本の労働市場は急速な勢いで未曾有の人材不足時代に突入した（図1-2）。直近2020年は新型コロナウィルスの感染拡大により前年を大幅に下回る結果となったが、それでも1.18と1倍を上回っている（厚生労働省2021）。

　現在生じている人材不足という現象は、一時的な景気好転に伴う労働力需要の増加を反映したものとは異なり、人口減少（少子化）に起因する労働力の供給不足という構造的な要因である。したがって、今後も多くの産業・企業において「慢性的な労働力不足」が続くことが予想される。要するに、これまで入社後5年から10年程度までは一人前になるまでの助走期間として人材開発投資の対象とみなされ、見習い時期を過ごすことが許されてきたが、こうした慢性的な労働力不足を背景に、若

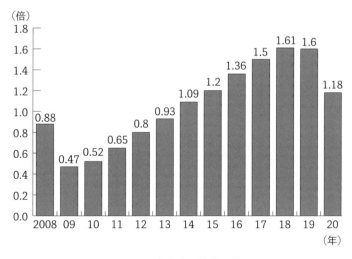

図1-2　有効求人倍率の推移

出所：厚生労働省（2021）を参考に筆者作成

注：数値は季節調整済有効求人倍率（新規学卒者を除きパートタイムを含む）

手社員に対する長期育成への余裕が失われ、早期戦力化を求める企業側のニーズが高まってきたのである。

（2）企業（経営）からの視点

　続いて、企業（経営）の視点から、若手社員の早期戦力化に注目が集まる背景を考えてみたい。規模の経済を基調とした大量生産・効率化経営が主流であった工業化社会から知識基盤社会に移行したことに伴い、新たな価値を生み出す知識こそが競争優位の源泉となった。そして、その高度に差別化された知識を生み出す主体こそが「人」である。人の持つ創造性や学習能力、それによって生み出される知識こそが競争優位の源泉になるとの見方が経営学の世界でも急速に広まった。

　こうした知識基盤社会への移行は、日本型雇用システムにも揺さぶりをかける。例えば、年功序列の賃金体系は、人の職務遂行能力は経験に比例して伸長するという暗黙の前提のもと、直接的・客観的に評価しにくい職務遂行能力の代わりに、年齢や勤続年数を代理シグナルとして用いて貢献度を間接的に評価し、給与を決定するという仕組みである。しかし、この暗黙の前提である「人の職務遂行能力は経験に比例して伸長する」という仮説は、知識基盤社会において成立しない。例えば、次から次へと生まれる最先端のテクノロジーや高度化する顧客ニーズに対して、経験豊富なベテラン社員と若手社員のどちらがより受容耐性に優れているかを考えてみるとわかりやすいだろう。必ずしも年長者のほうが長けているという結論は導けないだろう。若手社員の創造性や新しい感性を活かして新商品や新サービスを開発しようとする狙いから、若手社員の育成を強化し、早期戦力化を促す経営のインセンティブが強まっている。

（3）個人からの視点

　最後に、働く個人の視点から、「若手社員の早期戦力化」というキーワードを紐解いてみたい。1958 年に上梓された *The Japanese factory*（『日本の経営』）のなかで、アベグレンは日本企業の特徴が個別具体的な

人事施策や雇用制度ではなく、企業（使用者）と個人（労働者）による「終身の関わり合い（終身雇用：life time commitment）」にあると主張した（ABEGGLEN 1958）。経営側は、よほどの事情がない限り従業員を解雇せず、また従業員側も容易に他に企業に移ることはしない。こうした心理的な契約関係がお互いの義務と権利として暗黙的に共有されていたのである（服部 2013）。

しかし、90年代初頭のバブル崩壊以降、人件費の抑制圧力が働き、企業は評価処遇制度の見直しを迫る目玉施策として「成果主義」に注目した。成果主義は、人件費抑制を図るだけでなく、人員整理を促し、組織のスリム化を実現した。経営サイドの短期的な狙いは確かに結実したが、一方で従業員の会社に対する信頼は毀損されることになる。こうした成果主義の導入に端を発する一連の経営行動が、従業員の目には「心理的契約の不履行」として映ったのである。このような事情から、会社に定年までのキャリアを委ねる就業観が薄れ、代わって自分の専門性を武器に労働市場で通用する「エンプロイアビリティ（employability：雇用され得る能力）」に注目が集まるようになった。つまり、働く個人にとって新卒で入社する会社は、定年まで所属するコミュニティではなく、強みや専門性を磨き、次のより良い転職先を確保するための「成長機会」として捉える動きが広がることになったのである。こうした背景から、働く個人の就社意識は薄れ、いち早く市場で通用する人材へと成長したいというインセンティブが高まることになった。

3. 若手社員の育成に苦しむ日本企業
——OJT の機能不全

これまで若手社員の早期戦力化が求められる背景について、社会・経営・個人という3つの異なる視点から概観してきた。

それでは、若手社員の早期戦力化の現状はどのような状況にあるのだろうか。各種の調査データが示すのは危機的ともいえる深刻な実情であ

る。例えば、厚生労働省の発表する能力開発基本調査によれば、能力開発や人材育成に関して何らかの「問題がある」とする事業所は76.5%と大半を占めている（厚生労働省2020）。3年移動平均で見ると、近年、人材育成に問題のある事業所が増加している傾向がうかがえる（厚生労働省2020）。こうした若手社員を取り巻く育成現場の現状に、働く個人側の課題認識も符合する。労働政策研究・研修機構（2021）が2020年に働く個人を対象に実施した「人材育成と能力開発の現状と課題に関する調査」によれば、「忙しすぎて、教育訓練を受ける時間がない」（21.6%）「従業員に必要な能力を会社が考えていない」（18.6%）「従業員に必要な能力を、会社がわかりやすく明示してくれない」（18.2%）などが上位に挙げられる。

　先述したように、若手社員の人材育成はOJTという日本の伝統的な育成システムによって支えられてきた。実際、高度経済成長を陰で支えた「日本のお家芸」といわれ、諸外国から賞賛された時代もあった。しかし、加登（2008）は、OJTそれ自体が洗練された教育システムであったわけではなく、終身雇用、職能資格制度といった日本型雇用慣行のもとで「意図せざる整合性の結果」として機能してきたと批判的に捉えている。

　そして、今デジタルトランスフォーメーションに代表される今日の事業環境の構造的な変化や長期雇用に代表される日本型雇用システムの変質を背景に、職場におけるOJTを機能させていた社会的基盤が大きく揺らいでいる。以下、OJTと若手社員の早期戦力化を阻んでいる要因について詳しくみていくことにしよう。

　この10年で特に大きく進行したのは、「マネジャーの多忙化」と「育成内容の高度化・複雑化」であろう。マネジャーの多忙化とは、若手の指導を担う上司・マネジャーが増大する管理工数と実務担当業務を一手に引き受けることになり、メンバーの育成に手が回らなくなるという現象を指す。マネジャーの多忙化については、バブル崩壊以降、組織のダウンサイジングやフラット化に伴う組織再編によって業務のしわ寄せがマネジャーに偏る問題として以前から指摘されていたが、特に2010年

代以降、その流れが加速する。具体的には、ダイバーシティ経営や働き方改革の導入によって、職場メンバーの多様化や働き方の個別化が進行することで、マネジメント業務は複雑化・煩雑化していった。量産されていく「疲弊するマネジャー」のもと、若手の育成が必然的な課題として現出することになる。先に示した能力開発基本調査によれば、能力開発や人材育成に関して何らかの「問題がある」とする事業所のうち、問題点の内訳は「指導する人材が不足している」（58.1％）が最も高い（厚生労働省 2020）。

　こうした上司やマネジャーの多忙化を背景に、新人に対して OJT を専門に担う OJT 指導員を設ける企業が増えている（中原 2012）。株式会社マイナビ（2015）によれば、OJT 指導員がいると回答した新人は 56.9％と過半数を占める結果であった。しかし、同調査によれば、OJT 指導員による面談頻度が「1ヶ月に1回以下」という回答が 48.1％と約半数で、十分な支援が行われていない可能性が示唆される。そうした状況を反映してか、近年では OJT 指導員を導入するだけでなく、OJT 指導員に対する教育を積極的に行う動きも見られる。産労総合研究所（2019）によれば、職種別・目的別教育のなかで最も多い割合を占めているのが「OJT 指導員教育」（42.9％）であることがわかった（図1-3）。

　もちろん、若手社員の育成を担うのは上司や OJT 指導員だけではな

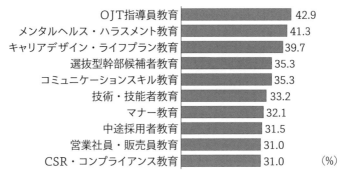

図1-3　職種別・目的別教育の実施割合（複数回答）

出所：産労総合研究所（2019）

い（守島 2021）。周りがよってたかって若手を育てる職場の風土があれば人は育ちやすいだろう（守島 2021）。しかし、2000 年代以降に進行した組織のスリム化・フラット化、さらには 2020 年以降の新型コロナウィルス感染拡大による組織のリモート化によって、個人の育成の基盤となる職場の社会的関係が消失し、職場の人材育成機能は著しく低下した。守島（2014）はこうした職場の人材育成機能の劣化現象を「職場寒冷化」と称し、それが社員の能力形成だけでなくメンタルヘルスにも影響を与え、企業の競争力を阻害していると指摘した。

　もう 1 つは「育成内容の高度化・複雑化」である。長期間かけて「自社らしい人材」へと育て上げることが暗黙の了解とされてきた時代には、習得する知識・能力も企業特殊的なものに偏りがちであった。会社独自の文化や商慣行、社内の人的ネットワークなどの企業特殊的技能と呼ばれる知識・能力は、競合他社にとって模倣困難性の高い経営資源であり、企業の競争優位を左右するコアコンピタンスの 1 つとして重要視されてきた（BARNEY 1991）。そのような時代背景のもとでは、職場内の緊密な社会的関係に基づく若手育成のエコシステムが有効に機能していた。例えば、上司や先輩などの仕事ぶりを観察・模倣しながら代理経験を通じて学ぶことや、長期にわたって形成される安定的な人間関係の中で他者の薫陶を受けながら育つことが可能であった。

　しかし、特に 2000 年代以降の急速な技術革新や産業構造の変化によって、企業の持つ知識やスキルの陳腐化が激しさを増している。特に、企業特殊的技能は組織慣性となって、環境変化に対する自己革新性の発揮を阻害する要因にもなりかねない（HANNAN and FREEMAN 1984）。要するに、これまで上司や先輩たちが仕事経験を通じて蓄積してきた知識・能力がそのまま通用しないばかりか、ときに非連続な成長の足枷ともなるということである。さらに、上司自身も初めて取り組む新規プロジェクトや職務課題が頻発するなか、若手社員の成長に資する「適度なストレッチ経験」をあらかじめ計画して分与することは困難を極める。このように、非連続でスクラップ・アンド・ビルドが日常化する職場環境での人材育成において、過去の経験を通じて獲得された知識・能力の

相対的な価値は逓減し、ベテランも若手もこれまで経験したことのない未知の職務課題を解決するプロセスを通じてチームで学習していくほかない。このように、日々変化する事業環境のもとでは育成内容も固定的ではなく、あらかじめ計画的に設計することが難しく、そのことが若手社員の早期戦力化を困難にしていると考えられる。

---

4. 若手社員の育成に関する研究の動向

これまでみてきたように、若手社員の育成を取り巻く環境がこれまでとは大きく異なる状況において、既存の慣行や実務経験に根ざした適用範囲の限られた知識のみでは立ち行かなくなり、学術的知見を手がかりに職場の人材育成を再構築しようとする機運が高まっている（中原 2012）。特に注目されるようになったのが、「学習」という理論的視座から個人の発達や企業の人材育成を探究する経営学習論（Management Learning）や人的資源開発論（Human Resource Development）、そして組織行動論（Organizational Behavior）といった学問領域の諸知見である。

そこで、ここからは若手社員の育成に関する研究の動向をみていくことにする。まず、若手社員の能力開発および組織適応（定着）に関する研究は、組織社会化（Organizational Socialization）研究という領域において、これまで数多くの研究蓄積がある（ASHFORTH *et al.* 2012）。特に2010年代以降、若手社員の離職抑制が人材マネジメント上の重要課題として前景化するようになり、実務的にも多くの関心を集める研究領域となった。ここでは、組織社会化研究がこれまで明らかにしてきた知見をみていくことにする。

まず組織社会化とは、「組織への参入者が組織の一員になるために、組織の規範・価値・行動様式を受け入れ、職務遂行に必要な技能を習得し、組織に適応していく過程」（高橋 1993）のことを指す。この定義に示されているように、組織社会化には、組織の文化を受容していく「文

化的社会化」と、組織の中で必要とされる技能を習得していく「職業的社会化」の2つの側面がある（尾形 2020）。組織社会化は4つの時系列的なプロセスから構成される。具体的には、①組織参入前に、組織に関する知識を獲得し、組織参入時の社会的期待が形成される「予期プロセス」、②組織参入直後に、事前期待との乖離で葛藤を感じる「接触プロセス」、③組織参入後に、周囲への積極的な働きかけによって組織適応を果たしていく「適応プロセス」、および④組織の一員として期待される役割を担い始める「安定プロセス」である（ASHFORTH *et al.* 2012）。

　注目すべきは、組織社会化のプロセスが組織参入前（入社前）からすでに始まっているという点である。ヴァン・マネンは、生まれ育った過程環境や入社前の教育経験、採用プロセスを通じた体験などが組織社会化に影響を与えること（予期的社会化）を指摘した（VAN MAANEN and SCHEIN 1979）。ワナスは、新人が早期離職する理由について、それが入社後の要因だけでなく、入社前の過剰な期待と入社後の現実とのギャップにあることを特定した。つまり、会社組織や仕事に対する事前の過剰な期待が、組織参入後に幻滅感へと変化することで早期離職が促されることをワナスは指摘したのである。こうしたリアリティショックを抑制するためには、組織参入前の現実的職務予告（RJP：Realistic Job Preview）が有効であることを明らかにした（WANOUS 1992）。先述したように、近年では入社前に実施する内定者研修を導入する企業が増加しているが、そうした取り組みは予期的社会化を促す施策であると考えられる。

　一方、組織参入後の社会化プロセスに着目した研究では、組織が主体となって個人の社会化を促す「組織による社会化」と、個人が自ら社会化を図る「個人による社会化」の2つのアプローチから検討が行われている。

　前者の「組織による社会化」アプローチでは、組織参入者を組織からの働きかけに促されて組織適応する存在と捉え、組織社会化を促す社会化エージェントを明らかにする研究が進められてきた（尾形 2020）。具体的には、同期、上司、年上の同僚との相互作用（LOUIS *et al.* 1983）、上司との垂直的交換関係（SLUSS and THOMPSON 2012）、マネジャーによ

る情報提供（ELLIS *et al.* 2017）などが新人の組織社会化を促す要因であることが明らかにされた。

　こうした「組織による社会化」アプローチは、個人を「組織の諸力によって組織に適応する受動的な存在」とする見方に根ざした考え方である。しかし、終身雇用制度や年功序列型賃金体系の見直しによって、入社直後から企業と個人の間で交わされる心理的契約にひずみが生じ、会社主導による長期的な人材育成・キャリア開発に依存するのではなく、自ら自律的にキャリア形成することが求められるようになった（尾形2017）。先述した「キャリア自律支援」を求める社会的要請とも共振するかたちで、主体的・能動的存在としての個人という視点に立脚し、若手社員自らが周囲や環境に影響を及ぼすことで組織社会化を図る「個人による社会化」アプローチの観点から、組織社会化を捉え直そうとする学術的関心が急速に高まっている（尾形2020）。

　「個人による社会化」という見地に立てば、ゼロから組織人に染まっていくプロセスとしての組織社会化とはまた異なる景色が広がる。それは、組織社会化のプロセスを若手社員による「学習の過程」と捉える見方である（尾形2017；伊東・渡辺2019）。そこでは、組織に参入した個人が何を学ぶのかという学習内容と、それらをいかに学習していくのかという学習プロセスの観点から研究が行われている。こうしたラーニング・パースペクティブ（尾形2017）に基づいた研究は、若手社員のキャリア自律を促す有用な知見をもたらすものであり、「若手社員の育成のこれから」を考える上で示唆に富む。

　まず、組織社会化研究における学習内容についてである。組織社会化プロセスにおける新人の学習内容に着目した先行研究をレビューし、全体像を提示したのが尾形（2008）である。尾形（2008）は、新人が組織に新規参入する過程で、仕事に関する知識・スキルなどだけでなく、職場の人間関係や組織内政治、組織や職場で評価される（あるいは評価されない）行動パターンなど、さまざまな学びを得ることを体系的に整理した。また、組織社会化プロセスにおいて新人が学ぶ内容は必ずしも職場や組織に関するものだけでない。アイデンティティや自己に対するイメ

ージなど個人の自己認識も変容することが指摘されている（FISHER 1986）。

このように組織に適応するプロセスを通じた学習のことをエドガー・シャインは「メンバーシップの価値」と定義し、新人がこれらを理解、習得することによって既存の組織構成員とのメンバーシップが形成され、組織社会化が促されていくと主張する（SCHEIN 1978）。

それでは、このような内容をどのようにして新人は学習しているのだろうか。この点については、学習プロセスの観点から一定の先行研究の蓄積がみられる。とりわけ、近年は、経験からの学習に焦点が当てられている（尾形 2017）。

新人は組織に参入して、そこでの仕事や他者との相互作用を通じて、仕事に関する知識・スキルや職場内の人間関係、文化や価値観といったものを学んでいくことになる。先述したように、新人が組織参入後に習得せねばならない学習内容は多岐にわたり、その内容も高度化・複雑化している。仕事に求められる知識やスキルは日々刻々と変化し、テキストブックをもとに体系的に学んでいくような教授型の学習法で学べるものではない。職場における学習の基本は、実際の仕事経験と内省（リフレクション）である。

この考え方を提示したのが、デイヴィッド・コルブである。コルブは経験を起点とした学習の循環型サイクルとして経験学習を理論的に体系化した。コルブによる経験学習論では、学習を「経験を変換することによって知識を創造するプロセス」と捉え、4つのプロセスから構成される経験学習モデル（experimental learning model）を提示した（KOLB 1984）。第1段階は「具体的経験」（concrete experience）である（図1‐4）。具体的経験とは、学習者が現場の業務において困難な課題や逆境に直面する中で後に省察する対象となる出来事を指す。個人の学習の起点は、上司の教えや研修の機会ではなく「仕事を通じた直接的な経験である」と指摘する点に経験学習理論の特徴がある。また、実務経験であればどのような内容でもよいというわけではなく、本人にとって緊張や葛藤を伴うような少し背伸びをした職務課題（発達的挑戦課題）であることが望まし

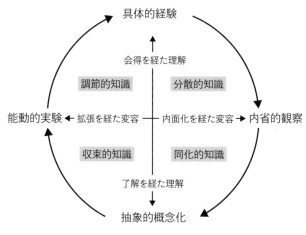

図 1 - 4　経験学習モデル

出所：KOLB（1984）、池尻ほか（2021）

いとされている。しかし、同じような仕事経験をしても、成長できる人とできない人がいる。その差を分けるのが、第 2 段階以降のプロセスにある。まず、第 2 段階は「内省的観察」（reflective observation）である。内省的観察とは、一度現場を離れ、多様な観点から具体的経験の意味を振り返ることであり、リフレクションとも呼ばれる。続く第 3 段階は「抽象的概念化」（abstract conceptualization）である。抽象的概念化とは、具体的経験の意味を重ね合わせ、他の状況でも応用できるよう、自分なりに抽象化した理論（持論）や教訓として昇華させる段階である。経験を通じて何を学んだのかを自分の言葉で説明できるようにするプロセスともいえる。そして最後の第 4 段階は、「能動的実験」（active experimentation）である。能動的実験とは、抽象化した自分なりの理論を新たな仕事環境の中で実際に試行する段階である。教訓を得るだけでなく実際に実践することで、経験を通じて獲得した形式知を実践知に変換されるというプロセスを経ることで、個人の成長が促される。

　若手社員の育成を促す上では経験学習のスパイラルを循環させることが重要である。上司や人事の視点に立てば、経験学習を促すための有効な試みとして、本人にとってストレッチングな職務課題を付与すること

（具体的経験の促進）、仕事経験の振り返りを促す問いかけを行うこと（内省的観察の促進）、他の仕事場面にも応用できそうな持論づくりを支援すること（抽象的概念化の促進）、新たな仕事環境を提供すること（能動的実験の促進）、などが挙げられる。

　以上、若手社員の育成に関する先行研究について組織社会化理論を取り上げ、特に「個人の学習」という理論的視座（ラーニング・パースペクティブ）から経験学習の理論を紹介してきた。なお、若手社員の経験学習を促すためにどのような支援が求められるのだろうかという点については、本書の第5章・第6章にて詳しく取り上げることとする。

---

5. まとめ

　現在、日本の雇用環境は大きく変化している。労働力人口の減少や社会保障制度の変化などを背景に、戦後日本の高度経済成長を支えたわが国の雇用管理・人材マネジメントのあり方が抜本的に見直されようとしている。いわゆる「新卒一括採用」「年功賃金体系」「終身雇用」などに代表される日本型雇用システムに変更を迫り、雇用環境の変化に適した新たな人材マネジメントのあり方を戦略的に再構築すべきときを迎えている。なかでも、これまでみてきた若手社員の組織適応と早期戦力化を促す人材育成システムの再構築が急務となっている。

　かつてのような、職場を1つのコミュニティと見立て、上司や先輩社員の薫陶を受けながら長期間かけて自社でのみ通用するゼネラリスト型人材を養成する従来型の徒弟的OJTシステムは機能しなくなって久しい。「早期戦力化」「個別最適化」「キャリア自律支援」といった若手社員の育成を取り巻く環境のパラダイムシフトに直面し、「他社でも通用する高度な専門性を持ち、同時に自組織に対して高いエンゲージメントを有して活躍し続ける若手社員」をいかに育てるかが企業に課せられた今日的な育成課題といえる。また、若手社員に対する人材育成上の課題

が質的に変化するなか、真に必要なのは、個別具体の現場経験に根ざした「街場の実践論」ではなく、研究知見に基づく建設的な議論である。

　本章では「学習」という理論的視座から若手社員の育成に関する先行研究や理論について概観してきた。しかし、ここまでお読みいただいた読者の皆さんにはおわかりのとおり、先行研究の多くは、入社から30歳という節目の年齢までの若年労働者を「若手社員」と一括りに捉えた知見であり、パーソナリティの違いなど個別性に踏み込んだ議論は極めて限定的といわざるをえない。さらに、課長への昇進時期が概ね15年程度と比較的長期の内部競争によって昇進が行われる「遅い昇進」（石山 2020）など、日本企業に特有の横並び主義的な人的資源管理の影響もあり、職務パフォーマンスの程度に応じて若手社員を階層別に捉え、「活躍する若手社員」の特徴に踏み込んだ議論はほとんど存在しない。

　冒頭にも述べたように、「若手社員の育成のこれから」とは、高度な専門性と豊かな素養を持った学生を即戦力人材として採用し、多様化する個人のニーズを考慮したキャリア自律を個別的に支援することで事業・経営に貢献する人材を育てる、という意味で捉える必要がある。そこでは、若手社員に対する私たちの理解の精度を一層高め、活躍する若手社員に共通するパーソナリティ特性や意識・行動特性などの議論が必要となるだろう。そこで、次章以降では、実証的な研究知見を手がかりに20代の若手社員の実像に迫ることとする。具体的には、若手社員のパーソナリティの特徴や、その学習行動を促す要因や離職意図に影響を与える要因、さらにはその後の成長を促す要因について明らかにしていく。

（田中　聡）

第2章

活躍する若手社員の実像を探る
──調査の概要

第1章で論じたように、活躍する若手社員の特徴に踏み込んだ議論はほとんど存在しない。そこで2章では、活躍する若手社員の特徴を探るためには、どのようなフレームワークで調査することが必要なのかを整理する。また、実施した各調査の概要についても述べる。

1. 研究のフレームワーク

（1）本書の問い

「はじめに」で述べたように、本書では、活躍する若手社員に向けた学びや支援について調査し、活躍する若手社員の育成方法について提案することを目的としている。すなわち、以下の2つの問いに答える必要がある。

①活躍する若手社員の特徴は何か？
②活躍する若手社員はどのように育成できるか？

第1章で述べたように、活躍する若手社員の特徴については不明な点

が多い。そのため、育成方法を考える前に、まずは「①活躍する若手社員の特徴は何か」を明らかにする必要がある。そこで本書では、主にこの①の問いを明らかにするための調査を行っている。その後、実証的な調査結果に基づいて「②活躍する若手社員はどのように育成できるのか」を考察することで、より妥当性の高い育成方法を提案したい。

（2）本書における研究のフレームワーク

　また、これら2つの問いに対し、本書では若手社員を2つの側面から分析した。1つ目は「パーソナリティ」の側面である。第3章で詳述するように、労働者の特性を理解する際、職務遂行能力やコンピテンシーに比べ、パーソナリティはあまり注目されてこなかった。しかし、パーソナリティは、状況や時間を超えてある程度一貫し安定した、その人らしい独自の行動の仕方を決定する心理的特性、すなわち通状況的一貫性と時間的安定性を備えているもの（髙橋 2010）と定義されているように、職場での行動を決定する重要な側面といえる。

　2つ目は、「行動・環境」の側面である。第1章でも述べたように、高度化・複雑化している時代においては、仕事に関する知識やスキルは日々変化するものであるため、体型的に知識やスキルを教えるよりも、

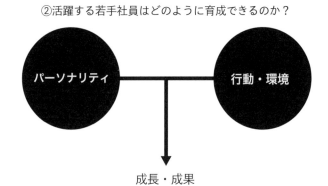

①活躍する若手社員の特徴は何か？
②活躍する若手社員はどのように育成できるのか？

パーソナリティ　　　行動・環境

成長・成果

図2‐1　本研究のフレームワーク

経験を起点にした学習プロセスが鍵になっている。そのため、学習と関連した行動や、その行動を支える環境の側面も重要である。

　以上をまとめると、本研究のフレームワークは図2−1のようになる。すなわち本書では、パーソナリティと行動・環境の2つの側面から、活躍する若手社員の特徴を明らかにすると同時に、その育成方法について検討することとする。

（3）部構成と章構成

　研究のフレームワークに沿い、本書では第2部「活躍する若手社員のパーソナリティ」でパーソナリティの側面を、第3部「活躍する若手社員を育てるキー概念」で行動・環境の側面を扱った。

　第2部は、3章「若手社員のパーソナリティとは」と、4章「若手とミドルエイジのパーソナリティの違い」で構成し、若手社員ならではのパーソナリティの特徴を明らかにしつつ、その結果をもとにした育成方法を提案した。

　第3部は、調査の結果示された、活躍する若手社員を育てる際のキー概念に合わせて、5章「仕事からどう学ぶのか──思考のモデリング」、6章「活躍につながる仕事の工夫──ジョブ・クラフティング」、7章「どうすれば離職を防げるか──心理的居場所感」で構成した。それぞれのキー概念を詳述するとともに、調査結果をもとにした育成方法を提案した。なお、7章では活躍する若手社員を会社から離れないようにするという観点で調査結果を示した。

　各章については、大きく「本章の問い」「調査結果」「人材育成に向けた提案」の3つから構成している。

2.　各調査の概要

　本書では、複数の調査知見をまとめており、調査によって「活躍する

若手社員」の定義が異なっている。そこで、以降では各章の調査における「活躍する若手社員」の操作的定義、用いた変数の概要、各調査のデモグラフィクスを示す。

（1）第2部：第3章「若手社員のパーソナリティとは」の調査概要

　第3章では、活躍する若手社員のパーソナリティを明らかにするための調査を実施した。3章における「活躍する若手社員」は、日本国内の大手民間企業6社を対象に実施したインタビュー調査で得られたパーソナリティに関する特徴をもとに操作的に定義した。

　調査は質的調査を1回（調査1）、量的調査を3回（調査2、3、4）、合計4回実施した。調査1は、インタビューを用いた質的分析法によって、若手社員のパーソナリティ特性表現を探索的に明らかにするために実施した。インタビューは、日本国内の大手民間企業6社に在籍する22名（若手社員9名、上司6名、人事担当6名、上司兼人事担当1名）の調査協力者に対して、2019年1月から同年3月に行った。対象企業について、本社の地域は関東圏3社、関西圏3社、業種はサービス業1社、商社1社、卸売業・小売業2社、製造業2社、若手社員の職種は一般事務従事者6名、営業職業従事者1名、営業・販売従事者1名、その他の管理的職業従事者1名を対象とした。また、従業員数300名以上の日本国内の民間企業のみを対象にした。6社は、東京大学と共同研究を行う株式会社マイナビに紹介を依頼し、協力を了承した企業であった。各社で若手社員1名、上司1名、人事担当1名を基本的な構成としたが、調査対象者の追加が可能な企業の場合は偏りが大きくならない程度に追加した。

　調査2から4の量的調査は、質的調査の結果を踏まえつつ、若手社員においてビッグファイブが規定する5因子の構造が得られるか、および若手社員のパーソナリティ特性を記述する上で5因子に追加すべき項目は何かを明らかにするために実施した。

　調査2で使用した尺度はTIPI-J（小塩ほか 2012）、主要5因子性格検査（村上・村上 2008）、BFS-S（内田 2002）であった。調査3で使用した尺度はFFPQ-50（藤島ほか 2005）、日本版 NEO-FFI であった。調査4では

既存のビッグファイブ尺度に対し、若手社員向けに内容を変更したものを使用した。なお、NEO-FFI はオンライン調査用に設計されたものではなく、標準化のデータは質問紙を使った調査によるものであるため、留意いただきたい。

　調査 2 は 2019 年 10 月（n = 1513）、調査 3 は 2020 年 2 月（n = 1515）、調査 4 は 2020 年 5 月（n = 1515）に、インターネットモニター調査によって実施した。調査対象者は、20 代の正規雇用者のみ（契約社員などは含まない）、大学卒・大学院卒、300 人以上の従業員規模の日系民間企業勤務者であり、労働力調査に則り男女比率（男性 55%、女性 45%）を割付した上で、年齢が大卒者としてふさわしくないと判断された者などを除いた。いずれの調査でも、調査後に居住地域、業種、職種に極端な偏りがないことを確認した。第 3 章の調査 2、3、4 のデモグラフィックスは表 2 - 1 ～表 2 - 3 のとおりである。

（2）第 2 部：第 4 章「若手とミドルエイジのパーソナリティの違い」の調査概要

　第 4 章では、活躍する若手社員とミドルエイジ社員のパーソナリティを調査し、両者の特徴を比較するなかで、若手社員の今後について考察する。4 章における「活躍する若手社員」は、直近の人事評価で上位グループに該当する若手社員と操作的に定義した。同様に、「活躍するミドル社員」も、直近の人事評価で上位グループに該当するミドル社員と操作的に定義した。

　4 章の調査で使用した尺度は、TIPI-J（小塩ほか 2012）、主要 5 因子性格検査（村上・村上 2008）、BFS-S（内田 2002）であった。

　調査は、2020 年 11 月にインターネットモニター調査を通して実施した。対象は、従業員数 300 名以上の日本国内の民間企業に勤務する男女 1200 名（男性 642 名、女性 588 名）である。若手社員にカテゴライズされる対象（20 代）は 586 名（男性 298 名、女性 288 名）であり、ミドルエイジにカテゴライズされる対象（35-55 歳）は 614 名だった（男性 344 名、女性 270 名）。第 4 章のデモグラフィックスを表 2 - 4 ～表 2 - 5 に示す。

表2−1　第3章の調査2のデモグラフィックス

性別	N（人）	割合（%）
男性	821	54%
女性	692	46%
合計	1513	100.0

年齢	N（人）	割合（%）
20−24	281	19%
25−29	1232	81%
合計	1513	100.0

職種	N（人）	割合（%）
管理的職業従事者	52	3%
専門的・技術的職業従事者	392	26%
事務従事者	486	32%
販売従事者	211	14%
サービス職業従事者	172	11%
保安職業従事者	9	1%
農林漁業従事者	1	0%
生産工程従事者	43	3%
輸送・機械運転従事者	23	2%
建設・採掘従事者	11	1%
運搬・清掃・包装等従事者	10	1%
分類不能	103	7%
合計	1513	100.0

業種	N（人）	割合（%）
農業、林業	1	0%
漁業	0	0%
鉱業、採石業、砂利採取業	3	0%
建設業	77	5%
製造業	386	26%
電気・ガス・熱供給・水道業	27	2%
情報通信業	124	8%
運輸業、郵便業	76	5%
卸売業、小売業	148	10%
金融業、保険業	241	16%
不動産業、物品賃貸業	35	2%
学術研究、専門・技術サービス業	16	1%
宿泊業、飲食サービス業	28	2%
生活関連サービス業、娯楽業	16	1%
教育、学習支援業	27	2%
医療、福祉	118	8%
複合サービス事業	12	1%
サービス業（他に分類されないもの）	151	10%
公務	2	0%
分類不能の産業	25	2%
合計	1513	100.0

表 2 - 2　第 3 章の調査 3 のデモグラフィックス

性別	N（人）	割合（%）
男性	824	54%
女性	691	46%
合計	1515	100.0

年齢	N（人）	割合（%）
20‐24	213	14%
25‐29	1302	86%
合計	1515	100.0

職種	N（人）	割合（%）
管理的職業従事者	54	4%
専門的・技術的職業従事者	375	25%
事務従事者	494	33%
販売従事者	227	15%
サービス職業従事者	164	11%
保安職業従事者	8	1%
農林漁業従事者	1	0%
生産工程従事者	55	4%
輸送・機械運転従事者	22	1%
建設・採掘従事者	14	1%
運搬・清掃・包装等従事者	8	1%
分類不能	93	6%
合計	1515	100.0

業種	N（人）	割合（%）
農業、林業	1	0%
漁業	0	0%
鉱業、採石業、砂利採取業	2	0%
建設業	53	3%
製造業	404	27%
電気・ガス・熱供給・水道業	36	2%
情報通信業	122	8%
運輸業、郵便業	74	5%
卸売業、小売業	149	10%
金融業、保険業	253	17%
不動産業、物品賃貸業	32	2%
学術研究、専門・技術サービス業	17	1%
宿泊業、飲食サービス業	27	2%
生活関連サービス業、娯楽業	22	1%
教育、学習支援業	27	2%
医療、福祉	115	8%
複合サービス事業	13	1%
サービス業（他に分類されないもの）	149	10%
公務	1	0%
分類不能の産業	18	1%
合計	1515	100.0

表 2 - 3　第 3 章の調査 4 のデモグラフィックス

性別	N（人）	割合（%）
男性	824	54%
女性	691	46%
合計	1515	100.0

年齢	N（人）	割合（%）
20 - 24	337	22%
25 - 29	1178	78%
合計	1515	100.0

職種	N（人）	割合（%）
管理的職業従事者	46	3%
専門的・技術的職業従事者	372	25%
事務従事者	488	32%
販売従事者	251	17%
サービス職業従事者	158	10%
保安職業従事者	11	1%
農林漁業従事者	3	0%
生産工程従事者	46	3%
輸送・機械運転従事者	16	1%
建設・採掘従事者	15	1%
運搬・清掃・包装等従事者	7	0%
分類不能	102	7%
合計	1515	100.0

業種	N（人）	割合（%）
農業、林業	2	0%
漁業	0	0%
鉱業、採石業、砂利採取業	0	0%
建設業	71	5%
製造業	402	27%
電気・ガス・熱供給・水道業	40	3%
情報通信業	134	9%
運輸業、郵便業	81	5%
卸売業、小売業	136	9%
金融業、保険業	237	16%
不動産業、物品賃貸業	40	3%
学術研究、専門・技術サービス業	12	1%
宿泊業、飲食サービス業	28	2%
生活関連サービス業、娯楽業	31	2%
教育、学習支援業	27	2%
医療、福祉	102	7%
複合サービス事業	8	1%
サービス業（他に分類されないもの）	151	10%
公務	0	0%
分類不能の産業	13	1%
合計	1515	100.0

表 2 - 4　第 4 章の調査（若手社員）のデモグラフィックス

性別	N（人）	割合（%）
男性	298	51.0
女性	288	49.0
合計	586	100.0

年齢	N（人）	割合（%）
20 - 24	90	15.4
25 - 29	496	84.6
合計	586	100.0

職種	N（人）	割合（%）
管理的職業従事者	23	3.9
専門的・技術的職業従事者	141	24.1
事務従事者	202	34.5
販売従事者	87	14.8
サービス職業従事者	62	10.6
保安職業従事者	5	0.9
農林漁業従事者	0	0.0
生産工程従事者	15	2.6
輸送・機械運転従事者	4	0.7
建設・採掘従事者	4	0.7
運搬・清掃・包装等従事者	5	0.9
分類不能	38	6.5
合計	586	100.0

業種	N（人）	割合（%）
農業、林業	3	0.5
漁業	1	0.2
鉱業、採石業、砂利採取業	1	0.2
建設業	24	4.1
製造業	156	26.6
電気・ガス・熱供給・水道業	12	2.0
情報通信業	49	8.4
運輸業、郵便業	36	6.1
卸売業、小売業	46	7.8
金融業、保険業	79	13.5
不動産業、物品賃貸業	8	1.4
学術研究、専門・技術サービス業	4	0.7
宿泊業、飲食サービス業	11	1.9
生活関連サービス業、娯楽業	22	3.8
教育、学習支援業	11	1.9
医療、福祉	36	6.1
複合サービス事業	5	0.9
サービス業（他に分類されないもの）	70	11.9
公務	0	0.0
分類不能の産業	12	2.0
合計	586	100.0

表2 - 5　第4章の調査（ミドル社員）のデモグラフィックス

性別	N（人）	割合（%）
男性	344	56.0
女性	270	44.0
合計	614	100.0

年齢	N（人）	割合（%）
35 - 39	130	21.2
40 - 44	139	22.6
45 - 49	147	23.9
50 - 55	45	7.3
合計	614	100.0

職種	N（人）	割合（%）
管理的職業従事者	165	26.9
専門的・技術的職業従事者	115	18.7
事務従事者	221	36.0
販売従事者	37	6.0
サービス職業従事者	26	4.2
保安職業従事者	6	1.0
農林漁業従事者	0	0.0
生産工程従事者	10	1.6
輸送・機械運転従事者	4	0.7
建設・採掘従事者	3	0.5
運搬・清掃・包装等従事者	3	0.5
分類不能	24	3.9
合計	614	100.0

業種	N（人）	割合（%）
農業、林業	1	0.2
漁業	1	0.2
鉱業、採石業、砂利採取業	0	0.0
建設業	28	4.6
製造業	171	27.9
電気・ガス・熱供給・水道業	5	0.8
情報通信業	60	9.8
運輸業、郵便業	24	3.9
卸売業、小売業	59	9.6
金融業、保険業	78	12.7
不動産業、物品賃貸業	22	3.6
学術研究、専門・技術サービス業	5	0.8
宿泊業、飲食サービス業	4	0.7
生活関連サービス業、娯楽業	9	1.5
教育、学習支援業	27	4.4
医療、福祉	30	4.9
複合サービス事業	6	1.0
サービス業（他に分類されないもの）	73	11.9
公務	0	0.0
分類不能の産業	11	1.8
合計	614	100.0

（3）第3部：活躍する若手社員を育てるキー概念の調査概要

　第5章「仕事からどう学ぶのか──思考のモデリング」、第6章「活躍につながる仕事の工夫──ジョブ・クラフティング」では、活躍する若手社員を育てる際のキー概念として導出された「思考のモデリング」と「ジョブ・クラフティング」を中心に、どのように育成すれば効果的かを論じる。5章と6章における「活躍している若手社員」は、中原（2010）の「職場における能力向上」の尺度を用いて測定した際、高いスコアを示した社員と操作的に定義した。この尺度では、表2－6のように、6つの因子、合計17項目から構成されている。

　第7章「どうすれば離職を防げるか──心理的居場所感」では、継続的に若手社員を育成する土台を形成しているものを探るべく、離職を防ぐ要因について調査した。そのため、7章では「活躍する若手社員」には焦点を当てず、山本（2007）の離職意図の尺度で低いスコアを示した若手社員に焦点を当てて調査した。

表2－6　職場における能力向上の因子と質問項目

因子	質問項目
業務能力向上	業務を工夫してより効果的に進められるようになった
	仕事の進め方のコツをつかんだ
	苦手だった業務を円滑に進められるようになった
	より専門性の高い仕事ができるようになった
	自分の判断で業務を遂行できるようになった
他部門理解向上	他者や他部門の立場を考えるようになった
	他者や他部門の業務内容を尊重するようになった
	他者や他部門の意見を受け入れるようになった
他部門調整能力向上	複数の部門と調整しながら仕事を進められるようになった
	初めて組む相手ともうまく仕事を進められるようになった
視野拡大	より大きな視点から状況を捉えられるようになった
	多様な観点から考えるようになった
自己理解促進	自分のマイナス面を素直に受け入れることができるようになった
	以前の自分を冷静に振り返られるようになった
タフネス向上	精神的なストレスに強くなった
	精神的に打たれ強くなった
	我慢することを覚えた

出所：中原（2010）をもとに著者作成

表 2 - 7　第 5 章～ 7 章の調査のデモグラフィックス

性別	N（人）	割合（%）
男性	407	56.7
女性	311	43.3
合計	718	100.0

年齢	N（人）	割合（%）
20	0	0.0
21	3	0.4
22	11	1.5
23	54	7.5
24	70	9.7
25	95	13.2
26	111	15.5
27	102	14.2
28	128	17.8
29	144	20.1
合計	718	100.0

業種	N（人）	割合（%）
建設業	32	4.5
製造業	176	24.5
電気・ガス・熱供給・水道業	10	1.4
情報通信業	73	10.2
運輸業、郵便業	31	4.3
卸売業、小売業	82	11.4
金融業、保険業	66	9.2
不動産業、物品賃貸業	24	3.3
学術研究、専門・技術サービス業	4	0.6
宿泊業、飲食サービス業	19	2.6
生活関連サービス業、娯楽業	17	2.4
教育、学習支援業	32	4.5
医療、福祉	84	11.7
その他のサービス業	68	9.5
合計	718	100.0

第5章の調査で使用した尺度は、独自に作成した「思考のモデリング」、経験学習尺度（木村ほか 2011）、職場における能力向上（中原 2010）である。第6章の調査で使用した尺度は、インタビュー調査をもとに独自に作成した「上司による業務プロセスへのフィードバック」、ジョブ・クラフティング（関口 2010）、職場における能力向上（中原 2010）である。第7章の調査で使用した尺度は、職業生活における心理的居場所感（中村・岡田 2016）、離職意志（山本 2007）、職務満足感（労働政策研究・研修機構 2003；高田・川村 2018）である。

　第5〜7章は同じ対象に調査した結果を用いて論じている。調査は2019年8月にインターネットモニター調査を通して実施した。従業員数50名以上の日本国内の民間企業に勤続する20代の男女1053名のデータのうち、転職経験がなく、熊井ほか（2007）のライスケール（虚偽の程度を示す尺度）を元に、1回でも「7. 強くそう思う」と回答していないものを分析の対象とした。有効回答は718名（男性407名、女性311名）だった。第5〜7章のデモグラフィックスは表2 - 7のとおりである。

　以上の枠組みに沿った各調査の分析結果については、第3章以降で紹介する。

（池尻良平）

第 2 部

活躍する若手社員の
パーソナリティ

若手社員のパーソナリティとは

人材育成の現場では、若手社員がどのような人物かについて、上司、人事部などの周囲が理解することが求められる。個々の若手社員がどのようなことにやる気を出し、またどのようなことに躓きやすいかを理解することは、上司による指導や教育研修などによる若手社員の組織的な育成を考える上で欠かせない。では、いったい若手社員の何をどのように理解すればよいのだろうか。本章では、パーソナリティに着目し、若手社員を理解する方法について検討を行った。

1. 本章の問い

（1）なぜ、パーソナリティなのか

これまで若手社員に限らず、労働者の特性を理解するには伝統的な職務遂行能力やコンピテンシーに着眼することが多かった。例えば、髙橋（2010）は、人事評価の歴史を俯瞰して、労働者の評価要素として中心的な位置を占めてきたのは「能力」であった、と述べている。特に、わが国の実務では「職務遂行能力（いわゆる職能）」という概念が頻繁に用いられ、日本経営者団体連盟（1996）は、能力を「企業の構成員として、企業の目的達成のために貢献する職務遂行能力」と定義した。現在も職能やそれに類似する能力に関する概念が、労働者の評価と理解に用いられている企業例が少なくない。

その一方で、「パーソナリティ（Personality）」という概念は、人事評価の評価要素として組み入れられる可能性がある（髙橋 2010）、という程度に過ぎない。労働者を対象にしたパーソナリティ研究は国内外であまりなされておらず、特にわが国では数少ない報告例が散見されるのみである（例えば、都澤ほか 2005；二村ほか 2000）。本章の問いは「若手社員のパーソナリティとは」であるが、そもそも、パーソナリティという概念は、若手社員の理解と育成にとって有用なのだろうか。

　パーソナリティという概念は、特にわが国の人材育成を含む人事労務分野では体系的な学術研究がほぼなされていないため、パーソナリティが示す概念やその活用意義が不明な同分野の研究者も少なくないと思われる。学術界だけではなく産業組織で日々働く実践家にとってもパーソナリティはあまり馴染みのある概念ではなく、新規学卒者採用時の適性検査で測定されるものの一部、という程度の理解しかないだろう。

　もともと、パーソナリティ研究は、人事労務を含む経営分野というよりも、心理学分野で古くから発展してきた概念である。著名な心理学者である ALLPORT and ODBERT（1936）などの研究を端緒として、わが国では青木（1971）が、パーソナリティとは個人の傾向性を示す、一貫して永続的な意味を持つ特性表現である、と述べた。辻ほか（1997）は、通状況的一貫性と継時的安定性がパーソナリティ特性の特徴であることを報告し、髙橋（2010）は、状況や時間を超えてある程度一貫し安定した、その人らしい独自の行動の仕方を決定する心理的特性で、すなわち通状況的一貫性と時間的安定性を備えているものである、とパーソナリティを定義した。パーソナリティの日本語訳としては人格、個性、性格などが従来はあてられてきたが、価値中立なパーソナリティという言葉がわが国では専門用語として用いられるようになった（髙橋 2010）。

　変化の激しい産業組織で働く労働者は、職務においてさまざまな状況に直面する。特に若手社員の場合、経験したことがない状況の連続であることも少なくない。また、日雇いなどの場合を除いて労働は一時的ではなく継続的になされる場合が多い。つまり、さまざまな状況と継続性により規定される労働という場面に対して、通状況的一貫性と継時的安

定性を備えた概念であるパーソナリティは、有用な枠組みになる可能性がある。職務経験に伴って多様に変化する能力という分析視角とは別の意味で、若手社員への一貫的で安定的な特性の理解ができる可能性がある。

　若手社員の中には、活躍する若手社員と伸び悩む若手社員とが存在する。組織の中ではどうしても差が生じ、それらの社員間で何が違うのかがしばしば論点になる。そのとき実践家は「彼は学習意欲が高いから」「彼女は上司の指導を素直に受け入れられるから」「あの子はどんな職務でも誠実に取り組むから」「彼女はメンタルが安定しているから」など、さまざまな観点から多様な言葉を用いてその違いを説明しようとする。その結果、発言した当人以外は理解ができない独特な言葉が自由に飛び交う実務現場にも遭遇する。パーソナリティという概念と当分野での学術研究の蓄積は、各々の持論の交錯を超えた、共通の理論的枠組みと若手社員への理解の共有機会を提供できる可能性がある。

　本章では、パーソナリティ研究の理論的枠組みを通して、活躍する若手社員の理解を図ることを目的とする。伝統的な職務遂行能力などに着目する既存研究や実践報告とは異なり、産業組織の人事労務研究ではほぼ触れられてこなかったパーソナリティ研究を用いて実証的に論じる。なお、パーソナリティのみが活躍する若手社員の理解に資することを主張するものではなく、能力などのこれまでの研究・実践の蓄積を補完することを想定している。

（2）ビッグファイブとその問題

　パーソナリティ特性に関する学術研究において、国内外でビッグファイブ（GOLDBERG 1990；1992）、ファイブ・ファクター・モデル（McCRAE and COSTA 1987）による5因子の枠組みが確固たる知見を積み重ねている（小塩ほか 2012）。5因子とは、Extraversion（外向性）、Agreeableness（協調性・調和性・愛着性）、Conscientiousness（勤勉性・良識性・統制性・誠実性）、Neuroticism（神経症傾向・情緒不安定性・情動性）、Openness to Experience または Openness（開放性・知的好奇心・遊戯性）などと称され

る（藤島ほか 2005；村上・村上 2008；小塩ほか 2012；下仲ほか 1998；和田 1996：図3－1）。

ALLPORT and ODBERT（1936）、CATTELL（1943）などから研究が始まり、5因子の枠組みでパーソナリティを記述可能であることが徐々に明らかにされてきた。MISCHEL（1968）の議論を経た後、McCRAE and COSTA（1989）、ISAKA（1990）、辻 ほ か（1997）、内 田（2002）、JOHN *et al.*（2008）などの研究が蓄積され、わが国でも海外と同様の5因子構造が確認された（YAMAGATA *et al.* 2006 など）上で、5因子の枠組みに則った日本語版尺度が複数開発され（藤島ほか 2005；村上・村上 2008；小塩ほか 2012；下仲ほか 1998；和田 1996）、さらに昨今は質問項目を大幅に減らしても信頼性と妥当性が確保された尺度が開発されるに至る（GOSLING *et al.* 2003）など、基礎的研究が完了に向かっているように見える。

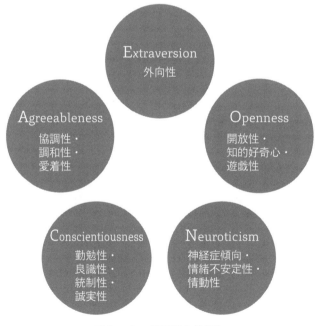

図3－1　5因子の枠組み

それを受けて、5因子の枠組みで性差や年齢差（岩佐・吉田 2018；川本ほか 2015；SOTO *et al.* 2011；SRIVASTAVA *et al.* 2003；TERRACCIANO *et al.* 2005）などが取り扱われるようになり、いわばデモグラフィック別の傾向を意識した5因子の適用にも研究の関心が広がっている。さらに、5因子の枠組みは対人認知の次元でもあり（辻ほか 1997）、対人特性を包含するモデルであることの実証もなされてきた（橋本・小塩 2018）。以上の研究の蓄積を踏まえれば、若手社員という本書の関心たる限定的なデモグラフィックに対して、上司などと若手社員との対人関係も包含した理論的枠組みとして5因子の概念を含む、一貫性と安定性を有するパーソナリティの概念を用いることには意義がありそうである。

　しかしながら、上述のとおり、若手社員を含む労働者の理解にパーソナリティが用いられた研究例はほぼ見られず、そもそも5因子の概念が若手社員にもそのまま適用可能なのかは不明である。5因子の概念の限界と留意点については、既存の人事労務研究ではほぼ触れられてこなかったと言ってよい。日本語版の代表的な5因子に関する尺度の開発過程に着目すると、BFS（和田 1996）、FFPQ-50（藤島ほか 2005）、TIPI-J（小塩ほか 2012）は大学生のみ、日本版 NEO-PI-R（下仲ほか 1998）は大学生と65歳以上の高齢者のみを調査対象者にして開発され、労働者は直接の対象とされていなかった。また、主要5因子性格検査（村上・村上 2008）などに労働者は含まれてはいるが、労働者以外も含めて成人として括られていた。その後の研究でも研究者に身近な学生が調査対象者になることが大半だった（例えば岩佐・吉田 2018；大野木 2004）。つまり、労働者が直接的に取り扱われた5因子に関する研究がほぼなされておらず、「労働者についても、5因子のパーソナリティ因子構造は学生の場合と同一と予想される」という強い仮定が置かれるにとどまっている。

　パーソナリティ研究において重要な役割を果たした語彙研究の系譜からも課題が浮かび上がる。ビッグファイブの研究初期段階においてALLPORT and ODBERT（1936）が選定した4,504語を用いたCATTELL（1943）から始まる研究は、意味が似た語を複数の研究者が討議によってグルーピングし、最終的には35変数を因子分析にかけた

ものである。和田（1996）は 198 語から 60 語に、村上・村上（2008）は 300 語から 60 語に、因子分析によって語数を絞り込んでいる。その過程で、具体的な対象や場面だけに限定されるような個別的・局所的な語は、主要な因子の解釈、つまり一般的な対象や場面の説明に適した因子の解釈には使えない、と判断され、5 因子の枠組みから除外された経緯があったものと容易に予想される。若手社員という具体的対象を考える場合、若手社員ならではの語彙、例えば組織における上下関係に伴う自己犠牲の姿勢などが反映された語彙がパーソナリティ特性を示す語彙として存在することが想像される。しかし、そのような語彙は学生、高齢者などにはあまり馴染まないため、一般化を志向する過程において捨てられた可能性がある。労働者を扱ったものではないが、参考になる研究に ISAKA（1990）、伊坂（1992）があり、特定の場面を取り上げると、パーソナリティ特性の記述に 5 因子だけでは不足していることが示唆された。当然のことながら、この場合、取り上げる対象の数だけパーソナリティ因子構造の存在可能性を想起することになるが、本書は若手社員という対象を取り上げる理論的・実践的な意義を肯定的に捉えており、その場合、既存理論の適用における限界と留意点を踏まえた検討が求められる。本章はそれを試みるものである。

　以上を踏まえて、本章が答えるべき問い（リサーチクエスチョン。以下、RQ）を以下に定める。第 1 に、RQ 1 として、若手社員において 5 因子の構造が得られるか、というものである。これを共通性の確認とする。第 2 に、RQ 2 として、若手社員のパーソナリティ特性を記述する上で 5 因子に追加すべき項目は何か、というものである。これを独自性の探索とする。その上で、これらの RQ の検討から得られた結果を総括して、本章の問い「若手社員のパーソナリティとは」に答える。

2. 方法

　調査は第2章で示したとおり、以下の4つから構成された。

　調査1では、若手社員とそれを取り巻く関係各者の語りから、活躍する若手社員の特性を記述するためのパーソナリティ特性表現を抽出した。パーソナリティ研究の系譜において、辞書による語彙収集と質問紙調査が幅広く用いられてきたが、若手社員についてはパーソナリティ研究が十分蓄積されていないため、質問紙調査を設計する上でのパーソナリティの概念範囲が定かではないこと、また辞書を用いるよりも若手社員の職務の現場に根づいた語りを用いたほうが有用な語彙が得られると考えたことから、インタビュー調査を行った。その上で、質的分析法を用いてRQ 1とRQ 2を検討した。

　調査2では、5因子についての日本語版の代表的尺度のうち、TIPI-J、主要5因子性格検査、BFS-S（BFSの短縮版。内田2002）を用いて若手社員に質問紙調査を行った。また、調査3では、FFPQ-50、日本版NEO-FFIを用いて同様に質問紙調査を行った。いずれも量的分析法によってRQ 1に接近した。あわせて、調査2および調査3では、調査1の結果から抽出したパーソナリティ特性表現を質問項目化して質問紙調査を行い、量的分析法によってRQ 2を検討した。

　調査4では、調査2および調査3の結果から、既存尺度の因子と項目との対応関係を一部改善し、内容を若手社員向けに修正したモデルを作成して質問紙調査を行い、量的分析法を用いてRQ 1に接近した。あわせて、5因子の既存尺度に該当しない、すなわち若手社員に独自のパーソナリティ特性表現について、調査2および調査3の結果を踏まえて質問紙調査を行い、量的分析法を用いてRQ 2を検討した。

3. 結果と考察
——若手社員のパーソナリティ構造の特徴

（1）調査1

　調査1のインタビュー調査によって得られた語りの総文字数は、30万字を超えた。そこから、ALLPORT and ODBERT（1936）、青木（1971）のパーソナリティ特性の基準をもとに、パーソナリティ特性表現を抽出した結果、249個が抽出された。パーソナリティ特性表現が抽出された語りの例を表3−1に示した。職場での若手社員というコンテクストに

表3−1　語りの例（下線部は抽出した主なパーソナリティ特性の例）

> 対象者：営業の話でいうと、私、他人より心がけていることが、即断即決、即動みたいなところで。すぐ判断して、すぐ決めて、すぐ動くみたいな。そんなところは他人よりも速いと思います、速いですね。なので、お客さんのメールからのレスポンスだとか、意思決定されるときは、割と速く、その場だったりとか。持ち帰っても、すぐ回答は出してくると思います。
>
> インタビュアー：それがやっぱりお客さんの信頼をつかむ上では大事ですか。
>
> 対象者：間違いなく大事だと思います。
> 　　　　　　　　　　　　　　　（中略）
> 対象者：伸び悩んでいる人ですね。素直さ。素直じゃない人なのかもしれないですね。
>
> インタビュアー：素直じゃない人。
>
> 対象者：上司の私の言うこと、部の課内の者なんですけれど、素直じゃない人。自分は、なんかこうしたいみたい、みたいなのがあって、それを変えられない人。なので、柔軟性が無いっていうのも、言い方は変えられると思うんですけど。そういう人は、伸び悩んでいる気がしますね。上司が持っているノウハウのほうが必ず上ですし。経験もあり、知識もあるので。その、人の言うことを聞けない人のほうが、うちの課では伸び悩んでいると思います。

表3-2　既存尺度に含まれたパーソナリティ特性表現の個数

5因子	既存尺度への該当数				
	TIPI-J	主要5因子性格検査	FFPQ-50	BFS	日本版NEO-PI-R
E 外向性	28	37	25	37	47
A 協調性・調和性・愛着性	29	43	28	33	35
C 勤勉性・良識性・統制性・誠実性	22	25	30	29	26
N 神経症傾向・情緒不安定性・情動性	6	7	6	7	14
O 開放性・知的好奇心・遊戯性	19	27	30	38	29
該当数計	104	139	119	144	151

語りが強くアンカーリングしていることがうかがえた。この例の語りからは「即断即決」「即動」「すぐ判断する」「すぐ決める」「すぐ動く」「素直」「柔軟性が無い」などのパーソナリティ特性が抽出された。

　抽出されたパーソナリティ特性表現の1つひとつについて、上述したわが国の5因子に関する既存尺度のそれぞれを比較した。具体的には、各尺度の質問項目（TIPI-Jで10項目、主要5因子性格検査で60項目、FFPQ-50で50項目、BFSで60項目、日本版NEO-PI-Rは質問数が多いため下位次元リスト163項目）の計343項目に対して、249個のパーソナリティ特性表現が類似するかを逐一検討した。つまり、343 × 249 = 85,407個のセルから成るマトリクスを各セル単位で1つひとつ検討した。比較の結果、概念が類似していると判断されたものは既存尺度に含まれると捉え、類似していないと判断されたものは既存尺度に含まれない、つまり新規項目として捉えた。表3-2には既存尺度に含まれると捉えたパーソナリティ特性表現の個数を尺度別に示した。249個のうち、TIPI-Jに計104個、主要5因子性格検査に計139個、FFPQ-50に計119個、BFSに計144個、日本版NEO-PI-Rに計151個が該当した。全ての既存尺度で5因子全てへの該当が認められた。

　既存尺度に含まれない、つまり新規項目について、無藤ほか（2004）をもとに、KJ法によって意味のまとまりを検討した。図3-2には新規項目のまとまり（以下、【 】で示す）と項目の例を述べた。

　まず、既存尺度に比して、先輩など他者を通した学びへの開放性に特化した語りが若手社員のパーソナリティの特徴として数多く見られた。

他者の経験への開放性	・他者から盗む（学ぶ） ・行き詰まったら聞く	チャンスに敏感な	・チャンスを摑みとる
成長に前向きな	・ぶらさがっている(R) ・成長したい	チーム性	・みんなで頑張る ・周囲を巻き込む
内省性	・自分に不足しているものを感じる	専門志向性	・専門性を伸ばしたい
自己犠牲	・自分を犠牲にし過ぎない	事業が好きな	・売上を上げるのが楽しい
自尊心	・変なプライドがない	仕事を楽しめる	・楽しんで仕事できる ・楽しみを見出せる
役割を果たしたい	・役割を果たす ・会社に貢献したい	使命感	・仕事への想いが強い ・仕事に使命感のある

図 3 - 2　新規項目のまとまりと項目例　（R：逆転項目）

既存尺度では、明確に他者を通した学びへの開放性に言及された項目はなかったが、調査１では明確にかつ数多くそれが言語化されたのが印象的だった。その結果、【他者の経験への開放性】が生成され、21個の新規項目が下位概念として該当した。職務で未熟な状態から、熟達に至る過程の最中にある若手社員の、先輩や上司などを通した学びの傾向性に関するパーソナリティ特性表現と捉えられた。次に、自分の成長についての傾向性に関する特性表現として【成長に前向きな】が生成された。常に組織の成長を求められる民間企業の特性や若手社員という今後の成長の余地が多い対象者の特性が反映されたものと推察された。さらに、【内省性】、【自己犠牲】、【自尊心】、【役割を果たしたい】、【チャンスに敏感な】、【チーム性】、【専門志向性】、【事業が好きな】、【仕事を楽しめる】、【使命感】が生成された。

　図 3 - 2 の項目例を見ると、若手社員が「自分に不足しているものを感じる」ことを通して一人前になっていく、また「変なプライドがない」という姿勢を通して素直に上司や先輩から学んでいくような姿など、若手社員ならではの特性が見てとれた。これらの特性は、職場で若手社員を理解するのに必要な視点であるが、既存尺度には含まれず、これまで十分に捉えることができていなかった。また、「自分を犠牲にし過ぎない」「専門性を伸ばしたい」といった項目例は現在の若手社員ならで

はのワークライフバランスやキャリアについての志向性を示すものと解釈された。その他にも若手社員の特性と思われるものが多く見られた。

　以上の質的分析を通して得られた結果は、第1に、若手社員に関する語りから抽出されたパーソナリティ特性表現の一部が、5因子全てに該当したことから、若手社員においても5因子によるパーソナリティの記述ができる可能性が示唆された。ただし、因子別にパーソナリティ特性表現の該当数の差異があったことから、各因子について既存尺度とは異なる、若手社員ならではの概念範囲が存在する可能性も推察された。第2に、5因子に含まれない新規項目から成るまとまりが計12個生成されたことから、5因子以外の因子の存在が示唆された。それらのまとまりと項目例は、組織で働く若手社員を理解する上で必要な特性であると捉えられた。

（2）調査2および調査3

　調査2および調査3の量的分析について、わが国の5因子に関する既存尺度が主に探索的因子分析（以下、EFA）によって開発されたことから、若手社員を対象にした既存尺度への回答をもとにEFAを行い、既存尺度のモデルが定める単純構造が再現されることをもってRQ1への回答を試みた。その結果、調査2および調査3で対象とした5つの既存尺度の全てにおいて、モデルが定める因子と項目との対応関係が完全に再現されず単純構造は得られなかった。例えば、既存尺度が定める因子に対応した下位項目の一部が定められた因子に高い因子負荷量を示さず、または別の因子に高い因子負荷量を示す、などの結果が複数項目で見られた。つまり、調査1の考察で上述したとおり、5因子の既存尺度とは一部異なる若手社員ならではの概念範囲が存在することが示唆された。

　あわせて、補足的に、MUCK *et al.*（2007）、EHRHART *et al.*（2009）などの海外の既存研究において確認的因子分析（以下、CFA）を用いて5因子の当てはまりが報告されたことを踏まえて、CFAにおける適合度指標も参考にした。若手社員を対象にした既存尺度への回答をもとにCFAを行った結果、全ての尺度で当てはまりがよいとは解釈できず、

例えば、*GFI* ≧ 0.90、*RMSEA* ≦ 0.05 を示した既存尺度はなかった。つまり、若手社員を対象にした場合、5因子とそれぞれの下位項目の対応関係により定められた既存尺度のモデルでは、十分に若手社員のパーソナリティ構造を記述することができないことが示された。

　以上のRQ 1に関する調査2および調査3の結果から、若手社員を対象者にした場合には、大学生を対象者にした既存研究の場合と異なり、5因子の構造がそのまま適用可能ではなく、その外的妥当性に若手社員ならではの限界と留意点が存在することが示された。調査1の結果も踏まえると、若手社員において、パーソナリティ特性の一部については、5因子の枠組みを用いて記述可能なようにも思えるが、しかしながら、5因子のE（外向性）、A（協調性・調和性・愛着性）、C（勤勉性・良識性・統制性・誠実性）、N（神経症傾向・情緒不安定性・情動性）、O（開放性・知的好奇心・遊戯性）のそれぞれが持つ概念範囲は、既存尺度が定めるものと一部異なることが示唆された。また、5因子の因子構造の当てはまりが十分ではなかったことを踏まえ、別の因子構造の探索の必要性も示された。加えて、RQ 2に関する調査2および調査3の結果から、若手社員を対象にした場合、5因子以外の因子の存在が示唆された。

（3）調査4

　調査1、調査2、調査3の結果を踏まえて、調査4を行った結果と考察を以下に述べる。

　まず、RQ 1に関して述べる。調査2および調査3の結果を踏まえて、因子と項目との対応関係を改善したモデルを作成した結果、5因子・60項目となった。全ての項目について、若手社員の職務の実態にあわせた表現の修正を行った。これを仮のモデルとした上で因子的妥当性を検討するために調査4を実施した。因子数の推定を行った結果、5因子解が提案され、EFAを行ったところ、単純構造に近い因子構造が得られたものの、完全な単純構造ではなかった。そのため、さらに因子と項目との対応関係を改善した結果、5因子・49項目からなるモデルにおいて完全な単純構造が得られた。当モデルにCFAを行った結果、当て

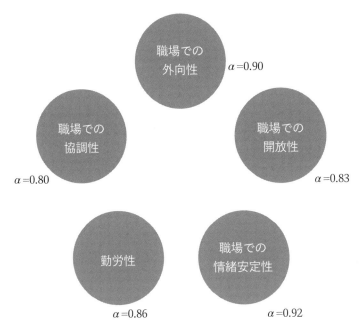

図3－3　若手社員における5因子の名称と因子別α係数

はまりがよいと解釈された。図3－3に当モデルの因子と因子別のα係数を示した。因子別の内的整合性を示す係数（CRONBACH's α）は十分な水準を示した。また、因子間の独立性がある程度認められた。

　以上から、若手社員において5因子の構造が全て当てはまらないというよりも、5因子それぞれの概念範囲が若手社員においては既存尺度と異なる部分があると解釈された。以下に、どのような点において概念範囲が既存尺度と異なるのかについて、主な特徴を抜粋して述べる（以下、図3－3および図3－4の計9個の因子名称を太字・ゴシックで示した）。

①職場での外向性
　「職場での外向性」因子には、「他の人と比べると活動的な方です」「人前で話すのは嫌いです（逆転項目）」などの複数の項目が含まれた。当モデルの主な特徴として、既存尺度の Extraversion 因子に含まれる

自己主張性に関する項目が除外された。自己主張性に関する項目は、当モデルにおいては Extraversion 因子に正の高い因子負荷量を示すとともに、Agreeableness 因子に負の高い因子負荷量を示したため、ダブルローディング項目として除外された。つまり、大学生を主な対象にした既存尺度では自己主張性は専ら Extraversion に含まれ、一方で Agreeableness には含まれない概念として規定されていたが、若手社員を対象にした当モデルにおいては両方に逆の方向性で含まれた。より具体的には、若手社員という職務の熟達過程におり、ときに見習いのような立場に置かれる場合においては、自分の意見を主張する傾向が強過ぎる場合、外向性はあるが、協調性がないと周囲から知覚される、という結果として読み取れた。若手社員の「職場での外向性」は、自己主張性などがその概念範囲から除外された結果、概念範囲が一部限定されて因子構成がなされた。

②職場での協調性

「職場での協調性」因子には、「他の人と比べると寛容です」「皆で決定したことには、できるだけ協調しようと思います」などの複数の項目が含まれた。当モデルの主な特徴として、既存尺度の Agreeableness 因子に含まれるネガティブな項目（例えば、合意の上で決定されたことでも、自分に不利になる場合には協力したくない、という旨の項目など）は全て本因子に該当しなかった。既存尺度の Agreeableness 因子には、身勝手、妬み、怒りといった側面因子が先行研究（村上 2003）で報告されたが、若手社員の場合、それらのネガティブな特性を組織内で発露することは一般的に許容度合が極めて低く、職場であからさまに身勝手な行動をとったり、妬んだり怒ったりする、ということがあまり想定されないのだろう。そのため、従来の学術研究に基づいて定められた既存尺度をそのまま測定しても、若手社員においてはあまり意義がないということである。若手社員の「職場での協調性」はそのような項目を除外し、概念範囲が一部限定されて因子構成がなされた。

③勤労性

　「勤労性」因子には、「どちらかというと怠慢な方です（逆転項目）」などの複数の項目が含まれた。当モデルの主な特徴として、既存尺度のConscientiousness因子に含まれる目標立案や計画策定に関連した項目が該当しなかった。一方で、別の因子に規定される、問題分析に関連した項目が当モデルでは本因子に追加されて、因子構成がなされた。つまり、若手社員においては、だいぶ先の目標や計画に気を取られるよりも、まずは目の前の仕事や問題に取り組むことが労働者としての真面目さや誠実さとして解釈されるということだろう。

④職場での情緒安定性

　「職場での情緒安定性」因子には、「心配性で悩みがちであり、不安になりやすい（逆転項目）」「常に心配なことがあって、落ち着きません（逆転項目）」などの複数の項目が含まれた。当モデルでも既存尺度のNeuroticism因子に含まれる項目とほぼ変わらずに因子構成がなされた。つまり、若手社員だからといって既存尺度が扱ってきた大学生などとの間で当該概念範囲にほぼ差異はないことが本因子については示された。

⑤職場での開放性

　「職場での開放性」因子には、「イマジネーションに富んだ」などの複数の項目が含まれた。当モデルの主な特徴として、既存尺度のOpenness to ExperienceまたはOpennessに規定される、将来のことを見通すことに関連した項目などが該当せずに因子構成がなされた。上述のように、若手社員においては、やはり将来のことを気にするよりも、目の前の仕事を遂行することに重きが置かれた上で、開放性の概念範囲を捉えるべきである、ということであろう。若手社員における開放性とは、先のことよりも、目の前の仕事に関連する事柄に対する意識のアンテナを張った状態のことを指すものと読み取れた。

　次に、RQ 2に関して述べる。調査1から導出した、5因子に該当し

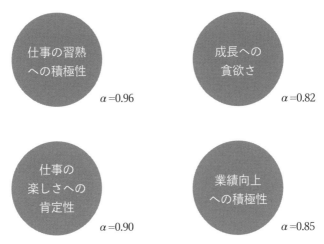

図3－4　若手社員における独自4因子の名称と因子別α係数

　ない、すなわち若手社員に独自のパーソナリティ特性表現の新規項目を用いて調査2および調査3を行い、4因子・56項目の仮のモデルを作成した。この仮のモデルの因子的妥当性を検討するために調査4を実施した。因子数の推定を行った結果、4因子解が提案され、EFAを行ったところ、単純構造に近い因子構造が得られたものの、完全な単純構造ではなかった。そのため、さらに因子と項目との対応関係を改善した結果、4因子・53項目からなるモデルにおいて完全な単純構造が得られた。当モデルにCFAを行った結果、当てはまりがよいと解釈された。図3－4に当モデルの因子と因子別のα係数を示した。CRONBACH's αは十分な水準を示した。また、因子間の独立性がある程度認められた。
　以下に、どのような点において概念範囲が既存尺度の5因子と異なるのかについて、主な特徴を抜粋して述べる。

⑥仕事の習熟への積極性
　「仕事の習熟への積極性」因子は、大きく以下の5つの下位概念から構成された。他者から学んで仕事を習熟することへの積極性、仕事の役割を果たすことへの積極性、自分の経験から学んで仕事を習熟すること

表 3 - 3　因子間相関行列

	1	2	3	4	5	6	7	8	9
1 職場での外向性	1.00	0.33	0.22	0.31	0.42	0.37	0.50	0.42	0.48
2 職場での協調性		1.00	0.10	−0.06	0.31	0.69	0.39	0.23	0.32
3 勤労性			1.00	0.34	0.17	0.09	0.23	0.55	0.11
4 職場での情緒安定性				1.00	0.09	−0.07	0.19	0.32	0.11
5 職場での開放性					1.00	0.23	0.39	0.22	0.47
6 仕事の習熟への積極性						1.00	0.53	0.28	0.41
7 仕事の楽しさへの肯定性							1.00	0.45	0.59
8 成長への貪欲さ								1.00	0.26
9 業績向上への積極性									1.00

全ての対で 5 ％水準で有意

への積極性、チームで働くことを通して仕事を習熟することへの積極性、自分ができないことへの割り切りの姿勢、であった。いずれもビッグファイブの既存尺度には含まれなかった概念であった。調査 1 の質的分析結果の複数のまとまりが本因子に集約されて因子構成がなされた。項目として、「他者からいいところを学ぶ」「振り返りのある」など複数の項目が含まれた。他の因子との概念範囲の関係性について検討するために、表 3 - 3 に各因子間の相関行列（Pearson）を示した（各因子の下位項目の単純加算得点を用いて算出）。

　例えば「勤労性」因子との相関は $r = 0.09$ と、ほぼ相関がない水準であった。つまり、目の前の仕事や勤怠に真面目だからといって、若手社員として仕事の習熟への積極性があるというわけではない、ということが示された。つまり、勤怠の真面目さという一面だけを見て、例えば「彼（彼女）は、真面目だから、きっと慣れない仕事でも積極的に取り組んで、早く習熟できるだろう」などと早計に失するのでは若手社員の理解が十分に進まないのである。仕事の習熟への積極性がなくても、勤怠だけには真面目、という若手社員が存在する場合、それぞれの特性を別個に理解した上で若手社員の育成に活用する力が上司や人事部には必要であろう。また、「職場での開放性」因子との相関は $r = 0.23$ と低い相関にとどまった。さまざまな情報や知識への開放的な姿勢があるからといって必ずしも職場での仕事の習熟への積極性がそれに伴って高いわけではないということが示された。若手社員が個人的に好む情報や知識の

収集に偏り過ぎてしまって、そのような開放性と職場で求める仕事の習熟性とのベクトルが整合せずに、例えば「彼（彼女）は勉強熱心な面があるが、なぜか仕事はいつまでたっても一人前にできない」といった状態を招かぬよう、若手社員を多面的に理解するための一助になるだろう。

⑦仕事の楽しさへの肯定性

　「仕事の楽しさへの肯定性」因子には、「仕事に前向きな」「仕事に楽しみを見出せる」などの複数の項目が含まれ、仕事を楽しむということへの前向きな傾向性が示された。他の因子との関係性では、例えば「職場での外向性」因子との相関は $r = 0.50$ であった。中程度の相関はありながらも高い相関というわけではなかった。若手社員が、職場で外向性を発揮して、活動的に働いているからといって、仕事を楽しめる特性があるとは必ずしもいえない、ということである。例えば、「彼（彼女）は活動的に働いており、何の心配もない」などと上司が安心している若手社員が、実は日々あまり楽しめずに、悩みを抱えていることもあるかもしれず、そのような場合の理解と対応に本因子を活用できる。

　また、「勤労性」因子との相関は $r = 0.23$ と低い相関であった。目の前の仕事や勤怠に真面目だからといって、それに伴って仕事を楽しく捉える特性があるとは必ずしもいえないということである。若手社員のうちは、上司から与えられた定型的業務を真面目にそつなくこなす、ということだけでは、活躍する若手社員の特性として不十分であり、今日では、真面目さはもちろんのこと、それだけではなく、仕事の楽しさを自ら肯定的に捉える傾向性も必要とされる、と解釈できる。

⑧成長への貪欲さ

　「成長への貪欲さ」因子には、「仕事は指示通りにやりさえすればいい（逆転項目）」「諦めている（逆転項目）」などの複数の項目が含まれ、自分自身の社会人としての成長に貪欲な傾向性が示された。他の因子との関係性では、例えば「職場での協調性」との相関は $r = 0.23$ と低い相関であった。上司や同僚とうまくやるという協調性がある若手社員が、早

く成長して一人前の社会人になるかというと、必ずしもそうではない。若手社員として活躍するには、協調的な傾向性とはある程度独立した、成長への貪欲さが必要だ、ということである。

　例えば、「彼（彼女）は職場の人とうまく関係づくりをしている。もう少し職場に馴染んでもらったら、いずれ大きな仕事を任せようと思っている」などと若手社員を捉えて、大きな仕事をいざ任せた場合、その責任の重さに耐えられない、ということがしばしば起こる。「彼（彼女）は職場でのコミュニケーションや人間関係構築がうまいから、どこの拠点に行ってもきっとうまくやれるだろう」などと若手社員を捉えて、新設されて間もない事業場や海外拠点での自律的な成長を期待しても、うまく機能できないということもある。つまり、協調性が高い社員の場合、一見、どこに行っても仕事ができそうに誤解してしまう上司や人事部が存在するということだ。しかし、協調性と成長への貪欲さはある程度独立した概念であるから、成長への貪欲さが求められる職務を若手社員に与える際には、協調性という一面のみによって若手社員の可能性を拡大解釈するのではなく、成長への貪欲さ自体を測定し、理解しなければならない。

　また、「成長への貪欲さ」因子と「仕事の習熟への積極性」因子との相関は $r = 0.28$ と低い相関であった。「仕事の習熟への積極性」因子が定めるような、組織やチームの一員として他者から学び、協働するなかで仕事の習熟を積極的に目指すという傾向性ではなく、自分個人として成長することへの貪欲さに関する傾向性を示すのが「成長への貪欲さ」因子であり、両者はある程度独立した概念であると読み取れた。つまり、昨今の若手社員は組織構成員としての習熟と、自分個人の成長とをある程度別個に考える傾向があるということであろう。現代らしい組織と自分の関係性なのかもしれない。さらに、後述する「業績向上への積極性」因子と「成長への貪欲さ」因子との相関は $r = 0.26$ と低い相関であった。「業績向上への積極性」因子は極めて具体的な成果目標（売上、利益など）の達成に関する概念である。「成長への貪欲さ」因子に含まれる、個々人の成長に関する傾向性と、組織内で与えられる具体的な成果

目標の達成に関する傾向性との間にある程度ギャップがあると読み取れた。例えば、「あの若手社員は、いわゆる"意識は高い"ようだが、与えた売上目標を毎月達成できず、どうやら空回りしてしまっているようだ」などの場合、自分自身にとっての個人的成長が、組織の求める具体的成果目標のベクトルと一致していないということであろう。そのような一見わかりにくい若手社員の理解への一助となるだろう。

⑨業績向上への積極性

「業績向上への積極性」因子には、「売ることに楽しみを感じる」「利益を出すことにこだわる」などの複数の項目が含まれ、上述のとおり、組織における具体的成果目標の達成に向けた積極的な傾向性が示された。他の因子との関係性について、例えば「勤労性」因子との相関は $r = 0.11$ と、ほぼ相関がない水準であった。目の前の仕事や勤怠に真面目だからといって、業績向上の姿勢が備わっているかというとほぼそうではない、ということである。これらを混在的に捉えてしまうと、若手社員への誤解につながってしまう。また、「職場での情緒安定性」因子との相関は $r = 0.11$ であった。業績向上に積極的な若手社員が、情緒的に安定しているかというとほぼそうではないということである。例えば、ある期には爆発的な業績を創出するが、気分の波があるような社員がイメージされる。このような社員はどの組織でも見かけるものだ。そのため、おそらく実務家の腑に落ちやすいであろう。

　図3－3に示した若手社員におけるビッグファイブ因子と図3－4に示した独自4因子との各対の相関係数は $r = -0.07 \sim 0.69$ であり、0.70以上の高い相関を示した対は見られず、独立性がある程度認められた。最も高い相関（$r = 0.69$）を示した対は「職場での協調性」と「仕事の習熟への積極性」との対であった。若手社員においては、仕事に早く習熟しようとする姿勢と職場で周囲の人とうまく協調的関係を築くことが関連するものと読み取れた。周囲の人にうまく聞きながら仕事を覚えていく、ということであろう。

　なお、ビッグファイブに関連した5因子を理論モデルとして用いて調

査を行い、その調査結果に基づいて若手社員ならではの概念範囲を定め、それとは別に新規項目から独自に4因子を定めて、その上で計9因子間の相関を確認するという手続きを採用したのは、ビッグファイブに関する研究の膨大な蓄積を踏まえて、若手社員であっても5因子をまず理論モデルとして用いて知見を構成し、その上で追加因子を別途検討することが適切であると判断したことによる。

（4）調査1から調査4までの総括―― RQ への回答

以上の調査1から調査4までの結果を踏まえて、RQ への回答をまとめる。本章の問いは「若手社員のパーソナリティとは」であった。その問いに答えるため、RQ を2つに分けて検討した。

RQ 1は、共通性の確認として、若手社員において5因子の構造が得られるか、というものであった。検討の結果、若手社員においては各因子の概念範囲が既存尺度とは一部異なることが明らかになった。それに伴い、5因子の名称も既存尺度とは異なる名称が付されて解釈することの必要性が示された。RQ 2は、独自性の探索として、若手社員のパーソナリティ特性を記述する上で5因子に追加すべき項目は何か、というものであった。検討の結果、若手社員ならではの特性として、4因子を追加すべきことが明らかになった。

以上から、若手社員のパーソナリティ構造の特徴は、概念範囲が修正された5因子と新たに追加された4因子であることを示し、これらから構成される枠組みを通して、活躍する若手社員のパーソナリティを理解できることを示した。

---

4. 人材育成に向けた提案
――パーソナリティ尺度を通した若手社員の人物理解と育て方への示唆

以上を踏まえて、パーソナリティという分析視角から見た若手社員の人材育成上の課題とそれに対する提案を3つ述べる。課題と提案との対

図3－5　若手社員の人材育成上の課題と提案

応関係を図3－5に示した。

（1）既存尺度に押し込めずに独自性を理解する

　上述のとおり、ビッグファイブの理論は大枠では若手社員においても支持されたものの、各因子で概念範囲が異なり、また若手社員ならではの独自因子も抽出された。人材育成業界においては、科学的知見を実務に取り入れるようになってきており、そのようなセミナーや商材も多くみかける。しかしながら、学術研究による科学的知見といえども、その多くは特定の標本に対する調査にとどまっており、また追試が十分になされていないものも散見される。そのため、ビジネスの現場では、学術研究の知見だからといって無理に当てはめるのではなく、理論の効果と限界を知った上で、科学的知見をうまく利用していくことが求められる。

　人材育成に向けた提案としては、第1に、既存尺度に若手社員を押し込めて無理に解釈しようとするのではなく、既存尺度の知見を踏まえながら若手社員ならではの独自性を理解しようとすることである。大学生や高齢者を中心に開発されたパーソナリティのビッグファイブ理論をそのまま若手社員に当てはめるのではなく、本章が検討したような枠組みにおいて若手社員のパーソナリティを理解しようとしなければ、本来、職場で重視すべきパーソナリティなのに既存尺度に含まれていないために見過ごしてしまうことにもつながる。

　例えば、若手社員らしさが強くうかがえた「仕事の習熟への積極性」

の因子は、若手社員の人材育成にとって非常に重要であるが、大学生や高齢者のように仕事の習熟という概念からは一般的にやや距離のある対象からは抽出されなかったパーソナリティ特性であった。若手社員がいかに早く目の前の仕事に習熟するか、そのための積極性を有しているかは、実務においてぜひ測定したい特性だろう。また、「成長への貪欲さ」などの因子も同様である。

　ある大手メーカーでは、市販されている適性検査の尺度を長く利用していた。尺度の得点を見ながら上司による部下指導に用いてきた。しかし、人事部長に聞くと、適性検査の得点と部下への印象が違うなと感じられるケースも少なくなかった。例えば、最新の知識を熱心に学ぼうとする印象を職場で周囲に持たれていた若手社員の適性検査の得点を見ると、経験への開放性が低い結果が示された場合などである。

　これは当然生まれる不一致と言ってもよい。本章が示したとおり、若手社員のデータを用いて開発されていない尺度がなぜか若手社員にも当てはまると信じられていることがあり、学術研究を通して開発された尺度であればなおさらその迷信が横行しがちである。ビッグファイブの5因子は長らく労働者への適用可能性が不明であったが、本章で示したとおり、実証分析を行うことでその限界が示された。

　つまり、目的とする対象者には独自の個性がある。その独自性を理解してフィットした尺度を用いる必要がある。本章が示した結果をもとに、若手社員のパーソナリティを理解するときには、大学生や高齢者のサイズの服（＝理論）を着せるのではなく、若手社員のサイズにオーダーメイドされた服を着てもらったほうが若手社員の持つ雰囲気が浮き彫りになる。若手社員サイズにオーダーメイドされた服とは、本書で述べた若手社員を対象としたパーソナリティ尺度であり、その服を着たときに初めて若手社員個々人のパーソナリティが自分でも他人からもわかるようになるのである。

（2）持論だけではなく理論的枠組みをもとに語る

　上司は、活躍する若手社員を見ると「やはり、彼は持っているエンジ

ンが違うから。爆発的な力を発揮するためのハングリー精神がある」と評価したり、逆に伸び悩む若手社員を見ると「彼は真面目なだけで、ちょっと個性が物足りないんだよな」などと評価したりしていないだろうか。つまり、組織にいるさまざまな上司が自分の言葉で部下を何らかのカテゴリに押し込めてしまったり、そのカテゴリ自体が曖昧で、他者からは理解が難しいものだったりする。その結果、上司の持論に基づく独特のワードに振り回されて、若手社員にレッテルが貼られてしまう可能性が高まる。だから、若手社員にとっては何が問題なのか、どうすれば活躍できるようになるのかがいまひとつわからない。

　これはジェネレーションギャップという問題ではなく、持論の押し付けの問題である。それぞれの上司が主張する持論には暗黙知が多すぎて、部下だけではなく、他の上司や人事部からも十分に理解されず、組織内で若手社員の特性に関する意思疎通がうまくできないのである。そのため、部署異動のタイミングで、若手社員の強みや弱みを円滑に引き継ぐことができず、人事部から教育研修機会を提供する際にも若手社員と教育研修プログラムとの間でミスマッチが生じてしまう。

　その結果、若手社員は「上司は何を言っているのか、よくわからない」「職場で誰も自分のことを理解しようとしてくれない」「前の上司にみてもらっている間は活躍できていたが、異動して別の上司の下についてからはなんだかうまくいかない」「人事部の提供する教育研修は的外れなものが多く、時間の無駄遣いだ」などの印象を持ってしまう。上司や人事部は若手社員の育成を願ってさまざまな指導や教育研修を行っているのだが、それがうまく若手社員の学習につながらないばかりか、不満にまでつながってしまう。

　人材育成に向けた提案としては、第2に、各上司の属人的な人物評価から脱して、理論的枠組みを伴った共通言語として、パーソナリティ尺度の因子や項目を用いることである。各上司の持論を否定するものではないが、持論だけでは情報共有が難しく、組織的な人材育成に支障をきたしてしまう場合がある。そこで、組織的な共通言語として、上述したパーソナリティの9因子と項目を活用する。例えば、ある若手社員につ

いて「ハングリー精神がある」と上司独自の言葉で評価するのではなく、「仕事の習熟への積極性因子が高く、特に他者から学んで仕事を習熟することへの積極性に関する得点が高い」と評価して、他の部署や人事部と共有する。または「ちょっと個性が物足りない」と曖昧にネガティブな評価を下すのではなく、「成長への貪欲さ因子が低く、会社に依存したキャリアを考えてしまう傾向が得点から読み取れる」と評価する、ということである。ある上司の下では活躍していた若手社員が、別の上司の下に配属された途端、良さが発揮できずに、別人のようにやる気が落ちてしまう、ということがないよう、若手社員個々人の特性についての一貫して安定した合意形成を組織的に促進するのである。

　ある大手メーカーではこれを簡略して共通言語化を行った。若手社員の特性を把握する上で特に着目したいパーソナリティ特性因子を３つ選び、その３つとも得点が高い社員をⅢ型、３つのうち２つの得点が高い社員をⅡ型、３つのうち１つの得点が高い社員をⅠ型、３つのうちいずれも得点が高くない社員をゼロ型と呼称した。当然、Ⅲ型社員は各部門や各プロジェクトで取り合いになる人気者である。しかし、Ⅰ型やゼロ型だからといって全く活躍できないかというとそうでもない。そのような社員がフィットする仕事を分析してあらかじめ明らかにしているのである。

　これによって従来は「あいつはモンスター級のすごいやつだ」「彼女はいいところが全然ない」などと時に乱暴に語られていた若手社員をしっかりとした枠組みで表現し、共有して組織的に活用することができるようになった。今やⅢ型、Ⅱ型、Ⅰ型、ゼロ型はマニュアルなしで会議中に会話に出てくるほど同社に浸透している。その後、その進化形も共通言語化された。「Ⅲ型のＡ」「Ⅲ型のＢ」「Ⅱ型のＣ」など簡単にどのような特性を持つ人物なのかがわかるような表が開発・周知されたのである。元々の共通基盤があったからこれもすぐに会議の共通言語となった。これらによって若手社員の人材育成や職場への配置・配属が従来よりもスムーズに行われるようになったのはいうまでもない。

（3）パーソナリティの変化を望まずに能力を改善する

　伸び悩んでいる若手社員に対して、上司は以下のような指導をしてしまっていないだろうか。「君、営業担当なのに暗いんだよ。お客様の前では明るく接しなさい」「君は気分の波がありすぎる。もう少し気分を安定させて仕事に取り組むように」などである。パーソナリティは、上述のとおり、経験や年齢によって容易には変化せず（継時的安定性があり）、また、仕事が変わったところでその状況によって容易に変化するものではない（通状況的一貫性がある）。よって、暗いから明るくしたほうがいい、気分の波があるから安定させたほうがいい、という指導は、実は「パーソナリティを変えなさい」という無理難題を若手社員に押し付けている。このような指導が生じてしまうのは、パーソナリティの概念理解が不十分な実務家や研究者が多いことが背景にあると推測される。

　伝統的に、職場での主要な評価要素や関心事が「能力」であったことが影響して、若手社員の特性に何らかの問題があった場合、それは指導や本人の努力によって改善されるはずだという思い込みがあるのではなかろうか。上述のような上司からの指導を受けた部下の若手社員は、頑張って暗いパーソナリティを明るく変えようとするが、それはそもそも不可能に近い。そして、自分をうまく変えられないことに対して、徐々に自己嫌悪を感じてしまうことさえある。その状態で働くのは楽しいわけがない。若手社員が周囲からの助言にますます耳を塞いでしまうことにもなりかねない。上司の側も、せっかく指導したのに部下が変わらないことにさらなる苛立ちを見せてしまう。悪循環である。

　人材育成に向けた提案としては、第3に、パーソナリティと能力とを分けて考えることである。能力は指導や教育研修による発達が一般的に可能である。例えば、営業社員に関して、提案書作成能力に弱みがある場合に、資料作成力、論理的思考力、業界知識などを習得することで当該能力の発達が期待できる。しかし、パーソナリティは指導によってあまり変わらないのであるから、暗い若手社員に明るくなるように指導してもお互いに苦しいだけである。そうではなく暗ければ暗いなりに活躍するための能力を身につけるように指導する。

例えば、ある大手メーカーでは、パーソナリティが明るい営業社員だけではなく、暗い営業社員にもトップセールスが存在する。上司は、暗い営業社員に、無理に明るくさせようと指導するのではなく、暗いという個性を生かした上で、愚直で地道に顧客と接するための能力、具体的には、顧客との連絡頻度の管理シートの作成と徹底した進捗管理などを指導する。明るいトップセールスは、そのパーソナリティを活かして、顧客との初見で信頼を勝ち取り、そのまま成約まで押し切って販売成績を積み上げるのに対して、暗いトップセールスは初見での印象がどうしても劣る分、その後のフォローを徹底するための業務能力を向上させる、ということである。顧客がぼそっと言ったニーズなどを捉えて、地道に電話や電子メールで情報提供を行うという事後フォローをし続けるうちに「最初は不安だったけど熱心に私たちのことを考えてくれてうれしかった。君に任せることにしたよ」という言葉を顧客からもらって成約に至ることもある。パーソナリティが暗くても行動によってトップセールスになれるのである。

　パーソナリティは行動の原因の 1 つになるが、パーソナリティを変えなければ行動が変わらないというものではない。行動を変えるには、知識と能力を高めてもよい。人材育成という面から、どのような知識と能力が個々人に必要なのかについての座標軸を与える理論的枠組みの 1 つが、パーソナリティ尺度なのである。

　以上のような、既存理論への押し込め型、持論型、無理難題型の若手社員育成に関する職場での問題を改善するために、本章ではパーソナリティ尺度を活用することを提案した。本章で述べたパーソナリティの考え方が、上司、人事部、そして若手社員のそれぞれにとって有用に活用されれば幸いである。

付記

　調査 1 の記述箇所については鈴木ほか（2021）、調査 2 および調査 3 の記述箇所については鈴木ほか（2020）をもとに、本書の目的に応じて新たに分析・考察を行ったものである。調査 3 に含んだ日本版 NEO-

FFI の利用にあたっては所定の手続きをとった（なお、NEO-FFI はオンライン調査用に設計されたものではなく、標準化のデータは質問紙を使った調査によるものである）。本章の図3－3で示した因子と項目の作成にあたっては、上述のとおり、若手社員の職務の実態にあわせて、既存尺度をそのまま用いることはせずに内容を新たに定めた。本章に示した9因子および項目に基づく尺度の権利は全て権利者に帰属する。

（鈴木智之）

第4章

若手とミドルエイジの
パーソナリティの違い

> 　前章では、活躍する若手社員のパーソナリティの理解について述べた。しかしこうした若手社員が年月を経ても同じように活躍し続けることができるかはわからない。本章では、活躍する若手社員と活躍するミドルエイジ社員のパーソナリティについて検討し、若手社員の育成において長期的な展望を持った理解へ至る方法について検討を行った。

1. 目的

　前章では活躍する（しない）若手社員のパーソナリティに関して論じた。本章ではそこで明らかになった若手社員の活躍するパーソナリティと、ミドルエイジ社員において活躍するパーソナリティを対比させ、ミドルエイジ以降の社員についてのパーソナリティについて検討する。若手社員とミドルエイジ以降の社員のパーソナリティを比較することで、「今現在」活躍している若手社員のパーソナリティのなかで、それらの若手社員がミドルエイジになったときまで重要となるパーソナリティを明らかにし、ミドルエイジでの活躍において新たに重要になると考えられるパーソナリティについて考察することが本章の目的である。

　活躍する若手社員のパーソナリティを持つ従業員が存在し、若手であ

る現在は活躍できていたとしても、20年後、ミドルエイジになったときに同様に活躍できるかはわからない。年月を重ね、会社内での役割が変化していくなかで、自己のパーソナリティを新たな役割に適応させたり、新たな役割や状況によって特定のパーソナリティを持つ人材が取捨選択されていく可能性もあるだろう。こうした長期的な視点に立ったときの活躍とパーソナリティに関しての視座を得るのが本章および本章のために行われた調査の狙いである。

　一方、経済産業省の提唱する「人生100年時代」に求められるスキルにおいても、働き手は社会人としての基礎能力（社会人基礎力・キャリアマインド）と業界などの特性に応じた能力（社内スキル・専門スキル）の双方を向上させ続けていくことの重要性が説かれている。これまでわが国においてはホステージ理論（加護野・小林1989）においてエイジズムと呼ばれる、入社最初期は企業が人材育成のために個人にコストを払い、若手〜ミドル前半までは実質の労働生産性が賃金の比を上回り、ミドル後半以降から労働生産性よりも賃金のほうが高くなるという逆転現象が見られていたが、バブル崩壊以後の業績悪化に伴い、藤村（1997）が指摘するように、約束されていた賃金上昇の消失がミドルエイジの向上意欲の減退を招いているといわれている。こうした観点からも、現在在職しているミドルエイジ社員が活躍していくための指針として、ミドルエイジ世代のパーソナリティについて知ることは有用である。

2. 時代性
——世代間での特徴の相違

　本章で行われた調査では、特定の世代を長い年月をかけて追跡して調査を行う縦断的研究の手法は用いられていない。このため、単純に今の若手社員世代がミドルエイジになったときに、現在のミドルエイジ世代と同様のパーソナリティを持つようになるとは言い切れない。なぜなら、仕事をする上でのパーソナリティの適応や取捨選択などといった要素と

は別に、世代間での特徴の相違が見られるからである。

　これらの相違は「時代性」と呼ばれ、パーソナリティにも大きな影響をすることが指摘されている（太田ほか 2007；大竹・猪木 1997 など）。こうした時代性は、大まかな括りで示すと、2021 年現在、若手社員（20 代）が「ゆとり・さとり世代」、ミドルエイジ前半に相当する 35 歳から 45 歳程度（厚生労働省によるミドルエイジ前期と定義される年代）が「氷河期世代（ロストジェネレーション）」、ミドルエイジ後半に相当する 45 歳から 55 歳（厚生労働省によるミドルエイジ後期と定義される年代）が「バブル世代」と呼ばれる。縦断的な調査による 2 つの世代を比較した調査ではない以上、上記のような時代性の違いや、幼少期に存在したテクノロジーの違いなどがパーソナリティの違いにも影響をしていると考えられるため、単純な比較による考察は注意を要する。

　他方で、例えば、世代継承性（McAdams and de St.Aubin 1992：ミドルエイジにおける自身の経験や技術、価値を後進に伝えるという特性）やキャリアプラトー（山本 2002 など：ミドルエイジにおいて頻出するとされる階層的プラトーと内容プラトーに大別される、特定の職位などでキャリアが停滞したり、モチベーションや成長実感の乏しさに関する停滞が見られる現象）などに代表されるような、いずれかの時代性に左右されにくい共通した世代経過による特性も存在する。

　加えて、会社においてミドルエイジでは若手の頃と異なった役割が期待されることも多い。ミドルエイジでは非管理職と管理職に分かれ、非管理職従業員では実務での能力発揮が期待され（西村 2014）、管理職ではマネジメントの役割を期待される（十川 2000）ことを指摘されている。これらはプレイヤーとマネジャーと呼ばれ、それぞれミドル従業員の職位に依存する。このようにミドル世代において活躍とは、プレイヤー、もしくはマネジャーとしてのいずれかの活躍を意味する。また近年では、どちらか一方の活躍だけでなく、両方が期待されるプレイングマネジャーという役割も重要視されている（佐藤 2013）。こうした役割の変化も、時代性には左右されにくいミドルエイジの従業員に共通した特色であると言えるだろう。

こうした背景から、時代性など、現在の若手社員とミドルエイジ社員における相違はあるものの、双方のパーソナリティに関する比較を行うことは、若手社員の今後を予測する上でも十分な価値があると考えられる。

3. 調査方法

日本に在住し、かつ日系民間企業（300人以上の社員を抱える会社）に勤続する男女1200名（男性642名、女性588名）に対して、

①「あなたの人事評価（上位・中位・下位の3段階、選択式）」
②「あなたの職場における性格（自由記述）」
③「仕事の中でどのようなことをするのが、あなたのキャリアにおいては重要だと思うか（自由記述）」
④「あなたのキャリアにおいて、一皮むけたと思う経験について（自由記述）」

について尋ねた。また、この際、若手社員にカテゴライズされる対象（20代）は596名（男性298名、女性288名）であり、ミドルエイジにカテゴライズされる対象（35-55歳）は614名だった（男性344名、270名）。

また、人事評価については、可能な限り広範囲の人物から自由記述を集めることを目的として、なるべく上位・中位・下位で1：1：1になるように回答者を調整した。この結果、回答者の人事評価は、上位群401名、中位群552名、下位群247名となった。

分析に関して、自由記述についてはテキストマイニング用の分析ソフトであるKH Coder3を使用した。

4. 結果と考察

（1）ミドルエイジを含む社員のパーソナリティ特性語

　はじめに、「あなたの職場における性格」より回答者の自由記述から
パーソナリティを示す語を抽出した。これによりパーソナリティ特性語
の候補として209語が選出された。この209語が実際にパーソナリ
ティを表す言葉であるかどうかを判定するために、青木（1971）による辞
書の単語からパーソナリティ特性語を特定する手順であるピアレビュー
と同様の調査をさらに行った。ピアレビュー調査は3名の評価者（20代
後半人事担当・30代前半男性・40代後半男性）に対して、自由記述調査より
算出した語（209語）について、青木（1971）で提唱された第1カテゴリ
（パーソナリティ特性語の定義に則った語）に属するかの判定を行ってもらっ
た後に、前章でも用いた既存のビッグファイブ尺度項目（210項目：
TIPI-J 小塩ほか 2012、主要5因子性格検査、村上・村上 2008）と類似した語で
あるかについてのマトリックス評価を行ってもらった。

　この結果、全員一致で第1カテゴリに属すると回答された語は62語、
2人が一致して第1カテゴリに属すると答えた語は50語、1人のみだ
った語は63語、全員が第1カテゴリには属しないと回答した語は34
語だった。この結果、青木（1971）と同様に過半数の評定者がパーソナ
リティ特性語であると評価した語112語を自由記述調査から抽出した
パーソナリティ特性語として選出した。表4−1および表4−2はそれ
らの語を列挙したものである。表4−1はビッグファイブと類似する特
徴を持っているのではないかと考えられる語、表4−2はビッグファイ
ブと独立した特徴を持っているのではないかと考えられる語である（ビ
ッグファイブと類似しているかどうか、および独自と考えられる語のカテゴリにつ
いては、評価者の評定を参照して著者を含む複数名によるKJ法によって仮定した）。

　今回算出されたパーソナリティ特性語の実際の正確な因子構造の特定
については後続の研究が待たれるが、KJ法の結果からでも、ビッグフ

表4-1 自由記述調査より算出したパーソナリティ特性語（ビッグファイ
ブと類似すると想定される語）

オリジナル項目	類似性	3人評価最大値	2人評価で第1カテゴリ判定	ビッグファイブ類似
55 ：陰気な	3	1	✓	外向性
58 ：受け身な	1	1	✓	外向性
89 ：人見知りな	7	1	✓	外向性
207 ：明朗な	6	1	✓	外向性
33 ：消極的な	21	2	✓	外向性
34 ：暗い	9	2	✓	外向性
37 ：内向的な	25	2	✓	外向性
73 ：ネガティブな	43	2	✓	外向性
124 ：シャイな	21	2	✓	外向性
132 ：フレンドリーな	29	2	✓	外向性
176 ：人懐っこい	6	2	✓	外向性
2 ：コミュニケーションの得意な	17	2		外向性
10 ：地味な	12	3		外向性
12 ：控え目な	18	3	✓	外向性
13 ：社交的な	23	3	✓	外向性
17 ：大人しい	21	3	✓	外向性
38 ：明るい	19	3	✓	外向性
7 ：ムードメーカーな	16	3		外向性
137 ：引っ込み思案な	23	3		外向性
201 ：無口な	11	3		外向性
112 ：朗らかな	2	1	✓	外向性？
187 ：熱い	11	1		開放性
64 ：お調子者な	10	1	✓	開放性
101 ：発信力のある	2	1		開放性
114 ：あけすけな	5	1		開放性
95 ：テンションの低い	8	2		開放性
41 ：ポジティブな	19	2	✓	開放性
78 ：楽天的な	21	2	✓	開放性
16 ：積極的な	13	2		開放性
184 ：にぎやかな	19	2		開放性
163 ：自信満々な	19	3	✓	開放性
39 ：元気な	19	3	✓	開放性
59 ：好奇心旺盛な	14	3	✓	開放性
62 ：天真爛漫な	14	3	✓	開放性
40 ：行動的な	20	3		開放性
77 ：我慢強い	4	1	✓	開放性？
136 ：ルーズな	23	3		開放性？
24 ：温厚な	3	1	✓	協調性
135 ：ユーモラスな	7	1	✓	協調性
149 ：空気を読む	4	1		協調性
186 ：日和見主義な	5	1		協調性
195 ：不遜な	6	1		協調性
154 ：嫌味な	5	2		協調性
175 ：親しみやすい	13	2		協調性
192 ：八方美人な	12	2		協調性
198 ：文句言い	20	2		協調性

オリジナル項目	類似性	3人評価最大値	2人評価で第1カテゴリ判定	ビッグファイブ類似
8 ：優しい	25	3	✓	協調性
18 ：穏やかな	5	3	✓	協調性
76 ：温和な	8	3	✓	協調性
31 ：協調性のある	10	3		協調性
193 ：反抗的な	15	3		協調性
202 ：無関心な	10	3		協調性
9 ：おおらかな	11	2		協調性？
197 ：物腰が柔らかい	8	2		協調性？
5 ：リーダーシップのある	7	2		協調性？外向性？
25 ：マイペースな	11	2	✓	協調性？遊戯性？
190 ：粘り強い	8	1	✓	勤勉性
67 ：要領の良い	1	1		勤勉性
97 ：忍耐力のある	5	1		勤勉性
81 ：向上心のある	9	2		勤勉性
19 ：真面目な	14	2	✓	勤勉性
107 ：面倒くさがりな	22	2	✓	勤勉性
92 ：着実な	9	2		勤勉性
32 ：几帳面な	9	3	✓	勤勉性
180 ：石橋を叩いて渡る	7	2		勤勉性？
86 ：手堅い	5	1		勤勉性？誠実性？
36 ：前向きに取り組む	14	2		勤勉性？誠実性？
68 ：クールな	10	2	✓	情緒不安定性
71 ：ドライな	16	2	✓	情緒不安定性
48 ：慎重な	16	2	✓	情緒不安定性
14 ：冷静な	10	3		情緒不安定性
103 ：物静かな	16	3		情緒不安定性
15 ：落ち着いている	9	3		情緒不安定性
166 ：弱い	9	1		情緒不安定性
45 ：強い	7	2	✓	情緒不安定性
83 ：取り乱さない	13	2		情緒不安定性
167 ：焦りやすい	15	2		情緒不安定性
158 ：後ろ向き	48	3		情緒不安定性
57 ：気難しい	8	1	✓	神経質
1 ：厳しい	4	2	✓	神経質
6 ：細かい	15	2	✓	神経質
80 ：頑固な	6	2	✓	神経質
156 ：厳格な	2	2		神経質
87 ：心配性な	41	3	✓	神経質
88 ：神経質な	38	3	✓	神経質
30 ：誠実な	0	0	✓	誠実性
29 ：責任感のある	8	2		誠実性
74 ：一生懸命な	8	3	✓	誠実性
11 ：論理的な	4	3	✓	知的
104 ：変わり者な	7	3		調和性
199 ：変人な	8	3		調和性
28 ：楽観的な	24	2	✓	遊戯性？

表4－2　自由記述調査より算出したパーソナリティ特性語（ビッグファイブと独立していると想定される語）

オリジナル項目	類似性	3人評価最大値	2人評価で第1カテゴリ判定	ビッグファイブ類似	類似判定例（評定者が類似しているとしたビッグファイブ項目）	暫定類型
155：見栄っ張りな	3	1	✓	?	機会さえあれば、大いに世の中に役立つことができるのにと思います	自己顕示
72 ：プライドの高い	5	1	✓	?	いったんうまくいくと思ったら、あくまでそのやり方を変えない	自己顕示
168：勝気な	2	1	✓	?	人を馬鹿にしているといわれることがある	自己顕示
105：保守的な	6	1		?	みんなで決めたことは、できるだけ協力しようと思います	自己顕示
99 ：負けず嫌い	7	3	✓	?	どちらかというと、徹底的にやる方です	自己顕示
146：気楽な	0	0		?	なし	ストレス耐性
27 ：柔軟な	2	1	✓	?	大抵の人が動揺するような時でも、落ち着いて対処することができます	ストレス耐性
22 ：丁寧な	5	1	✓	?	計画性のある	ストレス耐性
179：切り替えの早い	3	1		?	大抵の人が動揺するような時でも、落ち着いて対処することができます	ストレス耐性
63 ：淡々としている	12	1	✓	?	冷静で、気分が安定していると思う	ストレス耐性
118：さばさばした	6	1		?	冷静で、気分が安定していると思う	ストレス耐性
157：謙虚な	8	2	✓	?	どちらかというと、おとなしい性格です	他者尊重
117：お人好しな	17	2	✓	?	親切な	他者尊重
196：腹黒い	6	1	✓	?	劣等感を持つことがよくある	他者尊重（反転）
42 ：後輩思いな	5	2	✓	?	人情深いほうだと思う	面倒見
108：面倒見の良い	15	2		?	人情深いほうだと思う	面倒見
143：兄貴肌の	9	2		?	人情深いほうだと思う	面倒見
200：包容力がある	9	2		?	人情深いほうだと思う	面倒見
185：独特の	3	2		?	独創的な	?
82 ：合理的な	8	2		?	欲望のままに行動してしまうようなことは、ほとんどない	?

ファイブとは異なるパーソナリティ特性が４つ以上示される可能性が示唆されている。こうした独自の因子と想定されるパーソナリティ特性について、特に「面倒見」という因子が算出されたことについては、その他の因子もさることながら、今回の調査がミドルエイジも対象にしたものであることに起因しているのではないかと考えられる。表４－２のビッグファイブ類似最大値は、前述の３人の評定者のうち何人が一致して特定のビッグファイブ項目とオリジナル項目が類似したものであるかと回答した数であり、「面倒見」を構成する要素はその他の独自因子候補とは異なり最大値が２であることが多いが、類似判定例を見ると、そのほとんどが「人情深いほうだと思う」という項目を候補に挙げており、類似評価合計（ビッグファイブの全ての項目で評定者が類似していると回答した数の合計）もそれほど多くはない。前項で記載したように、ミドルエイジにおいては「世代継承性」と呼ばれる、自身の技術や価値を後進に伝えるという特徴が見られる。こうした世代継承性への注目が「面倒見」という独自の因子として集約されたのではないかと推測される。

（2）ビッグファイブ特性語と人事評価との関係

　次に、前項において選出したオリジナル項目について、各世代の人事評価ごとにその出現率を表４－３にまとめた。各世代および人事評価での項目は、上から順に出現率が高いことを示している。

　この結果では、20代中位・ミドル中位・ミドル下位では最も頻出する語に「真面目な・穏やかな・大人しい」といった語が含まれており、逆に20代下位・20代上位・ミドル上位では「明るい」という語が最も出現率が高かった。また、20代下位では、最も頻出する語は「明るい」であったが、２番目以降は「大人しい」や「内向的な」「消極的な」といった「明るい」とは反対の意味を持つ語がランクしており、これはミドル下位と類似した傾向であると言える。

　また、20代・ミドルの上位群に共通した特徴として、20代上位では「行動的な」「積極的な」、ミドル上位でも「積極的な」「前向きな」といった語がランクインしている。20代中位でも、ランクの中ほどに「積

20代下位		20代中位		20代上位	
項目	Jaccard係数	項目	Jaccard係数	項目	Jaccard係数
明るい	.045	真面目な	.090	明るい	.080
大人しい	.038	穏やかな	.052	穏やかな	.042
内向的な	.030	大人しい	.036	行動的な	.036
消極的な	.030	協調性のある	.026	積極的な	.029
後ろ向き	.029	忍耐力のある	.023	元気な	.021
静かな	.029	積極的な	.022	協調性のある	.020
温厚な	.026	控え目な	.019	前向きな	.019
引っ込み思案な	.021	冷静な	.019	フレンドリーな	.016
受け身な	.021	発信力のある	.016	落ち着いている	.016
楽観的な	.020	丁寧な	.013	好奇心旺盛な	.015

ミドル下位		ミドル中位		ミドル上位	
項目	Jaccard係数	項目	Jaccard係数	項目	Jaccard係数
大人しい	.060	真面目な	.082	明るい	.061
穏やかな	.039	穏やかな	.044	積極的な	.039
目立たない	.031	冷静な	.027	前向きな	.036
陰気な	.020	コミュニケーションの得意な	.023	協調性のある	.031
存在感がない	.020	誠実な	.020	温厚な	.031
地味な	.019	静かな	.020	社交的な	.023
暗い	.019	協調性のある	.019	冷静な	.022
嫌味な	.019	前向きな	.019	リーダーシップのある	.014
控え目な	.018	日和見主義な	.016	ポジティブな	.014
気難しい	.013	マイペースな	.016	几帳面な	.014

極的な」は入っているが、ミドル中位ではランクされておらず、積極性は20代中位の社員が今後活躍するかどうかを占う1つの指標として重要であると推察される。逆に20代にせよミドルにせよ、下位群に位置する社員では、「消極的な」や「後ろ向きな」、「目立たない」といった語がランクインしており、これらは上位群において積極性に関連する語が入っていたのと対照的であるといえる。また、20代・ミドルのいずれでも、中位群および上位群では「協調性のある」という語がランクインしていたが、下位群では見られなかった。

　いずれの群においても「穏やかな」や「温厚な」といった語は頻出語に入っており、こうしたパーソナリティ特性は活躍とはあまり関連しないのではないかと考えられる。

また中位群の特徴として、20代でもミドルにおいても、どちらも最も頻出した語は「真面目な」であった。これは下位群でも上位群でも見られない特徴で、真面目であることによって、評価そのものは下位とはならないが、真面目なだけでは上位の人事評価は得られないということなのかもしれない。

　こうした特徴は、出現語の共起ネットワーク図においても同様の傾向が見て取れる。共起ネットワーク図とは図4－1に示したものであり、各単語間でのつながりの強さが線でつなげることで示したものである。

　この共起ネットワーク図においても、ミドル上位・20代上位・20代中位に共通する要素としての積極性など、前述したような特徴が複数示されている。また共起ネットワーク図では、各群の位置関係がそのまま、群間の類似度を表しているが、この観点から図を見ると、ミドル中位・20代中位・20代上位は近い位置におり、20代下位とミドル下位、そしてミドル上位はそれぞれ独立して離れた位置に配置されているように考

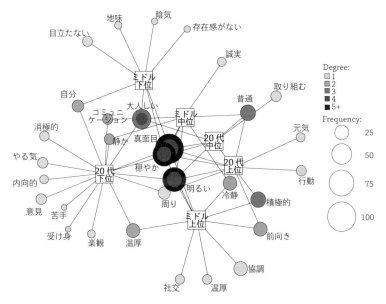

図4－1　パーソナリティ特性語を含めた共起ネットワーク図

えられる。

　また20代中位と20代上位の位置関係から、20代上位はそのまま年月を経てミドル上位になっていくというよりは、ミドルエイジに至る過程において、今とは異なる変化、あるいは取捨選択が行われているのではないかと考えられる。加えて、20代中位と20代上位の位置関係は非常に近く、20代中位も同様に、職場での経験や教育によって、ミドルエイジに入ったときに上位人材となり得ている可能性を内包していると言えるかもしれない。では、そうした上位人材になるにはどのような経験や行動が必要なのであろうか。次項では、自由記述調査の設問「仕事の中でどのようなことをするのが、あなたのキャリアにおいては重要だと思うか」について、本項と同様の分析を行うことによって考察を行う。

（3）キャリアに重要な仕事上での行動

　自身のキャリアに重要だと思う仕事上での行動について、回答者の頻出語を表4-4に、共起ネットワーク図を図4-2にまとめた。前項で20代およびミドルの上位にのみ見られた積極性については、20代・ミドルの下位および中位群においてすべて、最も頻出する語となり、逆に20代上位およびミドル上位では積極性に関する指摘は頻出語にランクインしなかった。この結果は非常に興味深い。つまり、人事評価が上位ではない、つまりあまり活躍できていると評価されていない従業員は、自身に積極性が必要だと思いつつも、それを実行できていない現状があるということを示していると考えられる。

　ミドル上位の頻出語においては、「結果を出す」「成果を出す」という2つがランクインしており、結果や成果に対して注目している点が挙げられる。これは他の群ではあまり見られない傾向であり、ミドル下位で「結果を出す」がランクインしているのみである。一方で20代上位では、結果や成果に関して指摘している語は見られなかったが、「仕事を取りに行く」「チャレンジする」といった、結果や成果の手前にある行動について頻出語にランクインしているのが興味深い点である。このような「仕事を取りに行く」「チャレンジする」といった語は、その他の群では

表4-4　人事評価ごとのキャリアに必要だと思う行動に関する語出現率

20代下位		20代中位		20代上位	
項目	Jaccard係数	項目	Jaccard係数	項目	Jaccard係数
積極的に仕事に取り組む	.069	積極的に仕事に取り組む	.092	仕事をこなす	.088
特にない	.057	考えて行動する	.050	自分でする・考える	.064
積極的に行動する	.051	周りの人を見て学ぶ	.034	考えて行動する	.048
興味・向上心を持つ	.046	自発的に動く	.032	興味・向上心を持つ	.036
自分の意見を言う	.046	知識を得る	.032	柔軟に対応する	.035
自分をアピールする	.045	結果を出す	.028	コミュニケーションを取る	.032
上司に好かれる	.041	分からない	.025	チャレンジする	.025
自分でする・考える	.036	会社に貢献する	.022	課題に取り組む姿勢	.025
スピード感を持つ	.031	スキルアップ	.022	仕事を取りに行く	.020
真面目にやる	.029	効率的に仕事をする	.019	情報収集をする	.020

ミドル下位		ミドル中位		ミドル上位	
項目	Jaccard係数	項目	Jaccard係数	項目	Jaccard係数
積極的に仕事に取り組む	.074	積極的に仕事に取り組む	.081	自分の考え・ビジョンを持つ	.063
自分の意見を言う	.036	人がしない仕事を率先してやる	.065	興味・向上心を持つ	.041
改善をする	.031	考えて行動する	.038	周囲の人とうまくやっていく	.040
言うべきことは言う	.029	周囲の人とうまくやっていく	.035	結果を出す	.039
上司に好かれる	.028	周りの人を見て学ぶ	.033	業務の遂行と改善	.030
リーダーシップを発揮する	.025	部下の面倒を見る	.032	積極的に仕事に取り組む	.030
自発的に提案する	.024	興味・向上心を持つ	.032	協調性	.028
業務の遂行と改善	.023	コミュニケーションを取る	.026	前向きに取り組む	.027
結果を出す	.023	柔軟に対応する	.019	成果を出す	.027
他者に従う	.019	部下・後輩の育成	.016	臨機応変に対応する	.019

頻出語にはランクインしていない。これは、「積極的に仕事を取り組む」という積極性に関して、前項で示されたように、下位〜中位群では自己の特徴としては見られないが必要だと感じるなかで、では積極性とは具体的には何を指すのかについて下位〜中位群では曖昧模糊としているのに対して、20代上位ではそれらが具体的に「仕事を取りに行く」「チャレンジする」といった形で出現しているのかもしれない。加えて、20代上位群で見られた、こうした「仕事を取りに行く」「チャレンジする」といった行動の結果、それが仕事の結果や成果につながり、それらの結果や成果を積み重ねていくことによって、ミドルエイジになったときに上位群と評価されている可能性がある。

他方、20代の上位群・ミドルの中位群および上位群では「周囲の人

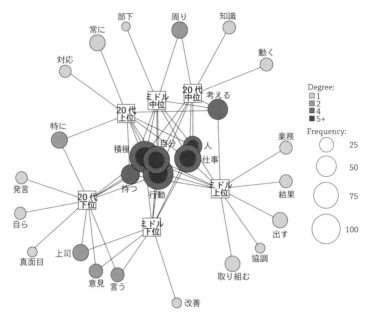

図4‐2　キャリアに重要な行動に関する共起ネットワーク図

とうまくやっていく」「コミュニケーションを取る」といった周囲との協調性に関する行動が示されているのに対して、下位群では、これらの語は頻出語に出現せず、逆に「自分の意見を言う」や「言うべきことは言う」といった自己主張に関する行動が重要だと指摘されている。20代およびミドルの下位群では、パーソナリティ特性語として「大人しい」「目立たない」「消極的な」といった自己主張の弱いことを想像させる語が頻出語としてランクインしていた。こうした自分のパーソナリティ特性に存在しない特性を重要だと考える傾向は、積極性に関しての傾向と同様なのかもしれない。また周囲との協調性に関連した語として、20代およびミドルの下位群でのみ見られる語として「上司に好かれる」という語が挙げられる。こうした特徴から、下位群では、自己主張しなければならないと考えつつ、それができない現状があり、常にストレスをため込んでいるような状況にいるのだろう。

（4）一皮むけたと思う経験について

　これまでの分析より、20代およびミドルエイジにおいて活躍していると評価されるためのパーソナリティと行動について調査を行った。では実際、そうした活躍している（していない）社員では、実際にどのような経験をしているのであろうか。こうした社員の活躍へ影響する業務上の経験が明らかになれば、自社の社員に対してより良い成長をもたらす経験の機会を与えるための示唆になるだろう。

　一皮むけた経験に関しての頻出語を表4－5に、共起ネットワーク図を図4－3にまとめた。

　特筆すべきは最も頻出した内容として、これまでとは異なり「特になし」が挙げられているということであろう。「特になし」の他にも、実際の記述の中には「成長は明確には意識できないと思う」「これがという経験は思いつかない」といったものもあり、"この経験"が私を成長させたという明示的な意識を持つということは難しいのかもしれない。また、「特になし」の次に頻出した語は「仕事・業務の遂行」「自分でやり切る」といった、日常的な仕事を確実にこなしたという経験であった。これらの語も比較的に明示的ではない一皮むけた経験と考えられるだろう。

　他方、「特になし」以下には、はっきりとした経験も記述されている。20代・ミドルエイジのそれぞれにこうした経験をする機会を提供する

表4－5　一皮むけた経験の頻出語（全体・上位10語）

抽出語	出現回数
特になし	184
仕事・業務の遂行	140
自分でやり切る	144
上司・先輩から認められた	71
対人関係が構築できた	37
トラブルなどの対応ができた	31
顧客との関係構築や営業の成功	55
自分の意見を言えるようになった	20
海外での経験	19
後輩・部下の指導	18

ことによって各世代に最適な成長のきっかけを与えることができるかも
しれない。こうした世代別での経験については後述するとして、ひとま
ずは一皮むけた経験の頻出語について、全体を通した考察を行いたい。

　「特になし」～「自分でやり切る」の次に頻出した一皮むけた経験と
して挙げられたものでは、「上司・先輩から認められた」という経験で
あった。これと関連して、10番目に頻出した語（表の一番下）として「後
輩・部下の指導」があった。こうしたことから、上司・部下あるいは先
輩・後輩の関係が良好な状態で職務が遂行できることは、教育を受ける
部下だけではなく、教育を施す側の上司にも成長を実感できる機会を提
供できる可能性があることが示唆される。次いで多かったのが、「トラ
ブルの対処」や「顧客との関係構築・営業の成功」「自分の意見を言え
るようになった」などであった。そのほかに、「海外での経験」なども
挙げられていた。

　20代およびミドルエイジの人事評価ごとの頻出語については表4－
6に記載した。

　全体の頻出語で最も出現回数が高かった「特になし」については20
代下位、ミドル下位およびミドル中位群で最も高かったが、そのほかの
群では10位までにランクインしていなかった。下位群において特にな
しが高く見られることは、成長の実感の乏しさと評価が相関しているこ
とを推定させるが、それとともに、ミドル中位でも最も高かったという
事実は、ミドルエイジにおいても人事評価が中位でとどまっているとい
うことが、成長実感という感覚（あるいは自己効力感）が長い勤続期間の
中で奪われている可能性が示唆される。

　また、ミドル下位以外の全ての群において、「上司・先輩から認めら
れた」「他者から評価される」ことが一皮むけた経験を実感したことで
あるという回答が頻出語にランクインしていた。こうした他者からの承
認は、いずれの世代や活躍の度合いに関わらず、個人の成功体験を積む
ものであるのだろうと推測される。

　次に、「トラブルなどの対応ができた」「クレームを処理できた」とい
った経験が、20代の下位・中位群およびミドルエイジの下位・中位群

ではランクインしているが、20代およびミドルエイジの上位群ではランクインしておらず、その代わりに、「案件を獲得できた」「目標を達成した」といった語がランクインしていた。トラブルやクレームに対する対応の成功は、実際に成功の体験だろうと思われるが、あくまでも起こった事象に対しての対応であり受動的なものである。それに対して上位群では能動的な語が経験として頻出しているということは注目すべきことである。

　また、20代においてはどの群でも頻出はしないが、ミドルエイジにおいてはいずれの群においても頻出語にランクインしている語として、「海外での経験」が挙げられる（下位では海外の経験そのものはランクインしていないが、同様の内容として、公演や国際会議での発表が見られる）。20代で

表4－6　人事評価ごとの一皮むけた経験に関する語出現率

20代下位		20代中位		20代上位	
項目	Jaccard係数	項目	Jaccard係数	項目	Jaccard係数
特になし	.086	仕事・業務の遂行	.070	仕事・業務の遂行	.037
上司・先輩から認められた	.044	自分でやり切る	.057	上司・先輩から認められた	.031
トラブルなどの対応ができた	.034	上司・先輩から認められた	.046	案件を獲得できた	.031
仕事・業務の遂行	.032	トラブルなどの対応ができた	.031	仕事が出来ると実感した	.030
嫌なことでもやり遂げる	.031	クレームを処理できた	.026	人がしないような提案ができた	.026
他者から評価される	.030	顧客との関係構築や営業の成功	.026	後輩・部下の指導	.025
自分の意見を言えるようになった	.029	リーダーとして仕事を任された	.020	顧客の担当変更に伴う成功体験	.025
顧客との関係構築や営業の成功	.027	指示ができるようになった	.019	顧客との関係構築や営業の成功	.021
仕事の仕方の改善	.021	自分の意見を言えるようになった	.019	周りの状況が見えるようになった	.019
対人関係が構築できた	.021	顧客の担当変更に伴う成功体験	.019	自分の意見を言えるようになった	.019

ミドル下位		ミドル中位		ミドル上位	
項目	Jaccard係数	項目	Jaccard係数	項目	Jaccard係数
特になし	.094	特になし	.098	仕事・業務の遂行	.066
自分でやり切る	.052	仕事・業務の遂行	.076	自分でやり切る	.048
自ら考えることができる	.036	自分でやり切る	.049	無理だと思っていた仕事をこなせた	.040
対人関係が構築できた	.028	対人関係が構築できた	.041	プロジェクトを任される	.035
仕事・業務の遂行	.028	後輩・部下の指導	.040	目標を達成した	.027
プロジェクトを任される	.023	上司・先輩から認められた	.032	海外での経験	.027
トラブルなどの対応ができた	.023	海外での経験	.027	上司・先輩から認められた	.026
講演や国際会議などで発表した	.019	仕事ができると実感した	.023	プレゼン技能の向上を実感した	.023
一皮むけたことはない	.019	トラブルなどの対応ができた	.022	リーダーとして仕事を任された	.022
自分の考えたことが実現された	.019	管理職としての技能向上の実感	.020	表彰を受けたとき	.018

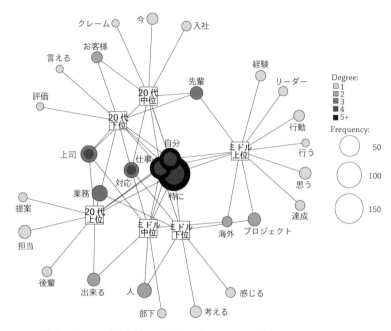

図 4 – 3　一皮むけたと思う経験についての共起ネットワーク図

「海外」に関する項目がランクインしなかった理由はキャリアの初期と言えるため海外での経験を積む機会がないためであるだろうが、いずれかの時期に海外との関係を持つようなキャリアを積むことは一皮むけた経験として残りやすいのだろう。

　また、前項の「キャリアに重要な仕事上での行動」においてはミドル中位群においてのみ見られた「部下・後輩の育成」であったが、一皮むけた経験として挙げられているものについては、20代中位群で「指示ができるようになった」、20代上位群で「後輩・部下の指導」という形で頻出語に挙げられている。こうしたことから、後輩・部下の指導や教育、指示といった経験も比較的早期から体験しておいたほうが良いのではないかと考えられる。

　最後に、ミドル下位では、一皮むけた経験として、最も上位に「特になし」が挙げられ、それ以外にも「一皮むけたことはない」といった語

がランクインしていた。ミドル下位群では、パーソナリティおよび行動のいずれにおいてもその他の群と異なった特徴や、ネガティブな語が頻出語として挙げられることがあった。こうしたことから、ミドル下位群では評価が低い・活躍をしていない理由が推測されるが、これまで評価されるような経験が少なかっただけではないのだろうか。まさしく、「まだ」一皮むけた経験がないだけで、これからいかようにも変化する可能性は秘めているのではないだろうか。これは20代の下位群でも同様のことがいえるだろう。この点については、重要な意味を持つと考えられるため、次項において詳しく考察したいと思う。

5. 総合考察

　本章では、第3章での20代の若手社員におけるパーソナリティに関する調査と対応して、ミドルエイジでのパーソナリティ特性を明らかにすることを目的とした。この結果、若手社員において活躍する人材とそうでない人材にパーソナリティにおける違いが見られるのと同様に、ミドルエイジでも特異な差が見られた。こうした結果は、パーソナリティの違いで活躍するかどうかがある程度予測されてしまうということだろう。

　パーソナリティには継続的安定性と通状況一貫性という特徴があり、容易に変化はしないとされている。だとすれば、活躍しにくいパーソナリティを持つ人は、どれだけ会社から教育や経験を受けようとも活躍できないのであろうか。

　これを確かめるために、本章ではさらに活躍する人材の行動や自身の経験についても尋ねた。その結果、行動や経験の観点からも若手社員とミドルエイジの活躍する人材とそうでない人材の間では特異な差が見られた。これは、活躍する人材が行動や経験をポジティブに受け取るような、あるいは効率的に考えられるようなパーソナリティを持っていたか

らといえるかもしれない。しかし一方で、第3章でも言及されたように、「彼・彼女は○○だからこういう経験はしてもしょうがないだろう」といった形で、上司や先輩からある種のレッテルを貼られ、活躍するための成長の機会を制限されているという可能性はないだろうか。

　システムエンジニアをしているＩさんは現在、大手会社に勤務し、プログラミングだけでなく、さまざまなヒット商品の開発なども手掛ける方であり、会社からもなくてはならない人材と認識されている。しかしＩさんが専門学校を卒業して初めて入社した会社では、新入社員が仕事のことをわかるはずがない、との理由で、決まりきったルーチンワーク以外はさせてもらえず、加えて、終業後にプログラミングに関する自主的な勉強を毎日数時間にわたって課せられたそうだ。Ｉさんが最初に入社したその会社も現在の会社と同業種になるため、今の会社と同じ仕事ができたはずであるが、今のような多彩な活躍をすることはできず、Ｉさんは日々の"自主的な勉強"に追われて、日々を過ごすうちに体調を崩し、退職してしまった。それから少しの療養期間を経て現在の会社に入社したところ、入職してすぐに、さまざまな職務に顔を出すように言われ、それによってＩさんの見出されていなかった才能が開花したのだ。「しかし、最初の会社でのプログラミングの勉強も役に立ったのでは？」そう問う著者に対してＩさんは、そういった面もあるかもしれないけれど、あの環境では、勉強の成果が活かされる前に私は潰れてしまったと思う、と答えた。実際、最初の会社と現在の会社のどちらが優れた教育を施しているのかは判断できないだろう。しかしＩさんにとっては現在の会社のほうが適していたといえる。

　飴と鞭、という言葉がある。仕事において成長するには飴だけでは足らず、ときには鞭も必要になるだろう。しかし飴と鞭をどの程度で配分することがその人にとって最も有益なのかは、その人の人となり、つまりパーソナリティに依存するといえる。

　パーソナリティは十人十色であり、どのパーソナリティが優れているというものではない。本章では人事評価という観点から活躍を定義したが、現在の人事評価では測れていない点において、今回活躍しにくいと

されたパーソナリティ特性を持つ人材は活躍するかもしれない。あるいは「彼・彼女にはきっと無理だろう」といった色眼鏡なしで、その個人にさまざまな経験をさせることによって、思ってもないような成長をその個人は遂げるかもしれない。

　第3章で明らかにされた9つの職場におけるパーソナリティ特性は、そうした観点からも、現在の個人の状態の把握やどのような経験がより効果的であるのかを知るための指標として機能するだろう。本章で行われたパーソナリティ特性と行動や経験とを紐付けて調査を進めることで、そうした指標としての精度はより向上していくと予想される。

6. 人材育成に向けた提案

　20代の若手社員と同様に、ミドルエイジにおいても既存のビッグファイブ尺度において示されていた因子とは異なるミドルエイジ特有の職場でのパーソナリティが示唆されていた。ビッグファイブの既存因子とは異なる因子の候補として、自己顕示・ストレス耐性・他者尊重・面倒見などの因子が存在する可能性が示唆された（これらの独自因子については今後のさらなる検証を予定している）。

　また後続する調査では、実際に上司や先輩から評価されたり、無理だと思っていた仕事を完遂したりすることが、ミドルエイジにおいて評価の下位群に比べて中・上位群で一皮むけた経験として認識されることもわかった。

　こうしたことから実際に難しい仕事をやり遂げたり、評価されたりといった、客観的な成果を本人に提示することが職場においては重要であると考えられる。

　そこで以下に、前項で記載されたようなインタビューに基づく具体例を交えながら、ミドルにおけるパーソナリティに基づいた実践への示唆について考察したい。

（1）個人の専門性や経験を尊重しながら、その拡張・多様化について考える

　デザイン会社で働いていたＯさんは芸術大学を卒業しているが、在学中に大きな賞も受賞しており、現在はイラストレーター・デザイナーとして多方面で活躍している。Ｏさんの働いていたデザイン会社は国内でも１、２を争う大手であり、Ｏさんは同社の BtoB で納品するデザインのディレクションが主な業務である部署に配属された。Ｏさんの生み出す作品は社内外から評価が高く、芸術性や人気もあった。しかしＯさんにとってそれはごく当たり前のことで、いくら評価されても特段うれしくは感じなかったそうだ。一方で、「こういうこともできないと社会人として失格である」と言われて従事していた細かな見積書の作成や、粗利計算が苦痛で仕方なかったとのことである（Ｏさんは昔からこういう計算がとても苦手だったとのことだった）。そんなＯさんにとって、その会社で楽しかった・嬉しかったことは何かと問うと、お菓子や化粧品、ゲームなどのイベントや商品パッケージの企画など、本来は他の部署が行う仕事に駆り出されるときだったそうだ。それらの仕事の経験はないが、自分の持っているスキルを関連して活用できるので、そんな仕事をやり遂げたときは、いつもやっているようなデザイン・イラストの出来に比べれば劣りはするものの、もっとうまくやりたいと感じた。また出来上がったパッケージの良い部分をほめられたときもとても嬉しかったと語っていた。

　不動産管理に関する会社に勤めるＴさんは、経理など毎日決まりきった仕事をすることが一番で、自分が勤めている部署以外の仕事に駆り出されると、その仕事がうまくいくかどうかに関係なくストレスを感じたとのことだった。特に最悪だと感じたのは不動産に関する広告の作成の手伝いに駆り出されたときで、自分には全く縁遠い仕事に従事している間、終始体調が悪かったと答えていた。

　Ｔさんの例にみられるように、一概に個人にさまざまな経験を積ませ続けることが良い結果を導くとは限らない。ミドルでは十分な専門性を持った人材が豊富にいるということを理解した上で、個々人がより多様

化・拡張を望むのか、それとも今の経験をそのまま伸ばしていきたいと考えているのかを理解して配置する必要があるといえるだろう。

（2）キャリアの行く先について見える化する

　ミドルでは、1つの会社にずっと勤めている人もいれば、いくつもの職種を転々として経験を積んでいる人材もいる。こうした状況の中で、幾人かの人に長く残りたいと思う会社・業界はどんなところかと尋ねると、給与や未来の保証など現実的にそこに勤めて何が得られるかがわかるというものであった。これは実際に大変重要な事項であろう。新入社員に対して会社は将来どんな未来が用意できるかを理解してもらおうと努めるかもしれない。ミドルにも同様のことを行っている会社も多いかもしれないが、ミドルは若手社員と異なり（その業界かどうかは別として）これまでの経験に基づくある程度固まった（良い悪いは別にして）哲学を持っている可能性が高い。であれば、それらの人々が何を求めているかを理解し、それを見える化することはとても重要なことであろうと考えられる。単純に給与がこれくらい出せますよ、将来こんなポジションを用意できますよといった画一的な対応だけではそれらの人材の心をつかむことは難しいかもしれない。実際にそういった例を紹介しよう。

　Hさんは、40手前で5つ以上の職種を経ている方である。そんなHさんに長くいたいと思った職場とそうでない職場の違いは何だろうかと尋ねたところ、「先が見えるかどうかじゃないかな」と答えていた。その最たる例としてHさんが挙げたのが、介護職と造園業である。Hさんは介護職は続かないと思い、造園業は長く続けていたいと考えたそうだ。両者は肉体的な疲労も同程度で、給与もそれほど変わらない、勤務時間もそれほど変わらないものだった。介護職と造園業の2つの違いは何だったのだろうか。Hさんによると介護職は変化がなかったとのことだった。造園業は親方からとにかく効率的にやるように諭され、またそれによって自身のスキルが上がるにつれ効率的に仕事をこなせるようになるビジョンを得ることができた。しかし介護職はやれどもやれども効率化の道が見えず、また職場の人々からもそれを全く求められていなかった。

Hさんが強調して言ったのは、自分は植木職人のスキルを磨きたいわけではなかったということである（実際Hさんは今は全く別の業界にいる）。もちろん、これはHさんの例であって、人によっては造園業よりも介護職のほうが性に合う人もいるだろう。そこを分けるのはパーソナリティである。たとえ介護職であってもHさんのパーソナリティを理解し、どのような今後を提示できるのかを感じ取らせることができていたのなら、介護職は向かない、とは思わなかったかもしれない。

　個々人がこの仕事をしてどんな先を求めているのかを理解し、それを見える化することは、ミドルにおいては実は若手に対する場合よりもずっとセンシティブに行う必要があるのかもしれない。

（3）個々人に合った感情的交流

　仕事も合っていない、処遇も良くない、そんな職場であっても長く仕事が続く人もいる。例えばFさんは小規模な小売店の販売員であったが、お世辞にもそこは良い待遇とはいえない職場であったそうだ。しかしFさんがそこで勤め続けたのは、そこの店主の人柄に惹かれてのものであった。○○さんがいるから私は辞めない、逆に○○さんが会社を辞めるなら私も辞める、そうしたことは多くの職種で見られることではないだろうか。しかし、こうした感情的な交流はただ接触を増やせばよいというものではない。その人それぞれで丁度よい接触の仕方というものがあると考えられる。例えば、前述したビッグファイブの外向性が低い人にとって、飲み会に誘われたり、プライベートを詮索されることは拒否感を増す行為でしかない。その人それぞれのパーソナリティを理解した上で行ったほうがより効果的な交流というものがある。

　例えば、Nさん（女性）の場合、普段から会社の同僚とは仲良く、よく交流している状態であった。夫の転勤に合わせて退職するとなったときも職場のみんなから祝福され、引き留められはしたが、やむをえない事情であるだけに粛々と退職の手はずを整えていた。そんなNさんであるが、一度だけ、やっぱり会社を辞めたくないと思ったことがあるらしい。それは仲の良かった上司が、それまで祝福してくれていた様子から

一転、「残念だ、いなくなったらさびしくなる」と涙をにじませてくれたときだという。今までそうした上司の姿を見たことはなく、そんな上司の姿を見たとき、こんなに恵まれた環境にいたのだと感じ入り、ここを辞めたくないと強く思ったそうだ。このように人によって感情を動かされるポイントは違うし、そのアプローチも異なる。もちろん、感情的な交流は重要だが、それを発散させるほうがいいのか、それとも抑えたほうがいいのかは相手によって変わるのである。こうした観点からも、その人のパーソナリティに寄り添い、対応を考えることがより豊かな感情的な交流をもたらすこととなり、ひいてはより長く活躍してくれる人材を得る機会を増やすことになると言えるだろう。

　前章では20代若手社員の、本章ではミドルエイジのパーソナリティ特性についてビッグファイブおよびビッグファイブとは独自の因子について検証を行った。前章と合わせて、個々人のパーソナリティに着目した最適な配置の考察の一助になれば幸いである。また、本章まではどのような職場での行動が（若手）社員にどのような変化をもたらすのかについては言及していない。これらの内容については以降の章で検討する。

（城戸　楓）

第3部

活躍する若手社員を
育てるキー概念

第5章

仕事からどう学ぶのか
——思考のモデリング

> 　活躍する若手社員は、日頃の仕事の中でどう学んでいるのだろうか。本章では、若手社員自身が行う「思考のモデリング」という概念に着目しつつ、その効果について検討した結果を示す。また、調査の結果をもとに、若手社員の思考のモデリングを促進させる方法についても論じる。

1. 本章の背景

（1）学ぶ（まねぶ）とは

　「学ぶ」の読み方には、「まなぶ」の他に「まねぶ」がある。「まねぶ」は「真似る」と同語源であるといわれており、真似て学習するという意味合いがある。若手社員に対し、「先輩のやり方をよく見て学べ」「上司の技を見て盗め」という助言をする職場も多いと思われるが、これらは「まねぶ」の意味合いが強い学習を促しているといえる。

　本章では、この観点から「活躍する若手社員はどう仕事から学ぶ（まねぶ）のか」という問いに取り組んでいく。

（2）なぜ学ぶ（まねぶ）力が必要なのか

　若手社員の育成が急務になっている昨今、あらためて注目されている人材育成の手法としてOJT（On the Job Training）がある。これは「典型的には、上司と部下、先輩と後輩等、経験豊富な上位者が経験不足の下位者に対して、職務を遂行するのに必要な知識・スキルを移転する行為」と定義される手法である（松尾 2017）。職場で教えるべき内容は体系化や言語化が難しいことが多いため、状況に合わせて細かく学習させることができ、すぐに実践できるOJTは理にかなった手法といえる。実際、OJTは組織へのコミットメントを高める効果や離職を防ぐ効果（BENSON 2006）、生産性を高める効果（BARRON *et al.* 1999）、賃金増加の効果（FINEGOLD *et al.* 2005）など、多くのポジティブな効果が報告されている。

　一方で、近年の仕事の変化により、OJTの難易度も上がっている。この原因は、仕事のステップが明確に決められているクローズドタスクが多かった時代に比べ、仕事の手続きや流れが明確に決められていないオープンタスクの仕事が増えているからである（松尾 2017）。松尾（2017）は、このような状況に対し、曖昧な問題を先に提示して解決させつつ、その中で発見学習を促し、それを新しい状況に適用させる帰納的OJTの重要度が増していると指摘している。その上で、帰納的OJTを有効に進めるには、管理者がコーチングする側面と、学習者が経験から学ぶ側面の両方が重要であるとしている。

　ここで注目したいのが、管理者がコーチングすることと、学習者が経験から学ぶことをより強く結びつける要因として、「学ぶ（まねぶ）」が存在することである。MATSUO（2014）は管理者コーチング行動の先行研究を整理した上で、管理者コーチング行動のプロセスとして「基盤形成」「内省支援」「問題解決支援」「挑戦支援」があるとしている。しかし、これらは若手社員の行動に対する支援に重点が置かれており、若手社員本人が積極的に上司の行動や考え方を真似る部分については、ほとんど焦点が当たっていない。また、後に詳述するが、学習者が経験から学ぶ能力に関しても、上司からどう学ぶかについてはあまり焦点が当

たっていない。上述したように、帰納的OJTではより言語化しにくい内容を教えていく必要があるが、もし若手社員が上司の業務上の考え方に注目し、学ぶ（まねぶ）ことができれば、より重要な学習を促進させられるといえるだろう。

（3）本調査の主要な学習理論

　ここまで「学ぶ（まねぶ）」力に焦点を当てて議論してきたが、以降では学習理論を援用し、学ぶ（まねぶ）ことを中心に据えた学習モデルを精緻化していく。本章では、職場で徒弟的に学ぶ際のフレームワークとして「徒弟制での学習」を、学習者が経験から学ぶ際のフレームとして「経験学習」を援用する。

①徒弟制での学習

　「徒弟制での学習」は、「観察、コーチング、実践の組み合わせを通して、徒弟がある領域のタスクを実行する方法を学ぶ」と定義される（COLLINS *et al.* 1987）。元々は職業的技能の獲得に焦点が当てられ、弟子が親方の行動を観察できるようにすることが重要だとされていた。その後、教育側の視点を強調した「認知的徒弟制」という概念も生まれている。「認知的徒弟制」は、親方（熟達者）と弟子（初学者）の間で行われてきた徒弟的な訓練を参考に、認知的なプロセスを考慮して構築された学習理論である（COLLINS *et al.* 1987）。徒弟制での学習は、学校のように脱文脈化された状況ではなく、真正な状況を前提にした文脈を重視しており、学習を「参加」と捉えている点が特徴である。つまり、人は真正な実践に参加することによって、その実践において認知的・身体的に重要なことを学ぶという学習観に立っている。

　認知的徒弟制では、親方（熟達者）が弟子（初学者）にその実践の参加をどう促していくかを、認知的な側面からモデル化している。初期のモデルでは、認知的徒弟制は4つの段階から構築されている（COLLINS *et al.* 1987）。

　1つ目の段階は、「モデリング（modeling）」である。これは、熟達者

が仕事している様子を初学者に示し、仕事の概念モデルを形成させる段階である。例えば、機械の使い方を見せながら機械の操作方法のイメージを伝えたり、顧客のニーズと商品の魅力をマッチさせて売るシーンを見せながら商品の効果的な販売イメージを伝えたりすることが、この段階に該当する。

2つ目の段階は、「コーチング（coaching）」である。これは、モデリングの後に初学者が仕事をしている最中に、熟達者がフィードバックを与える段階である。例えば、初めて機械の操作方法をさせる際、うまく操作できたらその旨を伝え、間違った操作をしたらその場で止めて正しいやり方を説明することが、この段階に該当する。商品販売の例だと、商品の魅力についてうまく話せていればその旨を伝え、顧客のニーズの聞き方が不十分であれば正しい聞き方を説明することが、この段階に該当する。

3つ目の段階は、「スキャフォルディング（scaffolding：足場かけ）」である。これは、初学者が自分でできる仕事を任せつつ、うまく仕事できていない部分に対しては熟達者がサポートする段階である。例えば、初学者がある程度機械の操作や商品販売に慣れてきたら、基本的には見守りつつ、毎回うまく操作できていない部分があったら、どうすればうまく操作できるかのコツを教えたり、間違いを防ぐ方法を教えたりすることが、この段階に該当する。

4つ目の段階は、「フェーディング（fading）」である。これは、初学者が1人で仕事できるようになるにつれて、徐々にサポートを減らして独り立ちさせる段階である。この段階はスキャフォルディングと裏表の関係であり、徐々にスキャフォルディングを減らしてフェーディングすることで、一人前にさせるのが特徴である。

このモデルに照らし合わせると、学ぶ（まねぶ）は「モデリング」の段階に該当する。また、認知的徒弟制は元々職業訓練を前提にした理論であることから、OJTと親和性の高い考え方といえるが、帰納的OJTの観点から考えると、現代では目に見える技術的なモデリングだけでなく、業務上の方略や視点やコツなどを含む、「思考のモデリング」も重

要になっているといえる。

②経験学習

　経験学習はコルブが提唱した学習理論で、経験を通じた学習をプロセスとして捉えている点に特徴がある（KOLB 1984）。経験学習は、「具体的経験」「内省的観察」「抽象的概念化」「能動的実験」の4つの過程から構築されており、このサイクルを回すことで学習が行われると考えられている。

　具体的経験は、「その個人の置かれた状況の中で具体的な経験をする段階であり、経験学習の基礎となる段階」を指す（木村 2012）。例えば、顧客に対して商品の魅力を伝えたものの、その結果として売れなかったという経験をすることが、このプロセスに該当する。

　内省的観察は、「具体的経験の段階での経験を多様な観点から内省する段階」を指す（木村 2012）。先の例でいうと、なぜ商品の魅力を伝えたのに、顧客には売れなかったのかの原因を考えることが、このプロセスに該当する。

　抽象的概念化は、「内省的観察の段階での内省に基づき、経験からの学びを他の状況でも応用するための自分なりの仮説や理論へと落とし込む段階」を指す（木村 2012）。先の例でいうと、商品の魅力と顧客のニーズをマッチさせなければ、売れない可能性が高いということを抽出することが、このプロセスに該当する。

　能動的実験は、「抽象的概念化で得られた仮説や理論を、新しい場面で実験する段階」を指す（木村 2012）。先の例で言うと、次の顧客に対し、商品の魅力がいかに顧客のニーズと合っているかを話し、その結果がどうなるかを試してみることが、このプロセスに該当する。

　この経験学習は、職場における能力向上に高い効果があることが指摘されており（木村 2012）、若手社員がこの経験学習をうまく回せるかどうかが鍵になっているといえる。

（4）本調査の方法

①仮説モデル

　これまでの議論をまとめると、OJT のような職場での学習では、認知的徒弟制のように管理者や上司が若手社員を教えるアプローチと、経験学習のように学習者が経験から学ぶアプローチの2つが鍵になる。また、図5－1のように、経験学習の各プロセスに対し、熟達者がモデリングしたり、コーチングしたり、スキャフォルディングしたり、フェーディングすることで、経験学習はさらに促進すると考えられる。

　しかし、学習者が熟達者の思考をどうモデリングしているかに関する研究は少ない。図5－1の白い矢印で示した部分のように、熟達者が意識的にモデリングさせるだけでなく、学習者からも思考をモデリングしていれば、職場での学習が促進されると考えられる。なお、思考のモデリングは「職場における上司や先輩の仕事中の考え方や工夫に関する方略を新人が観察して学び、仕事の概念モデルを形成すること」と定義する。また、職場での学習は、中原（2010）の「職場における能力向上」の尺度を利用することとする。

　以上を踏まえ、本調査では図5－2の仮説モデルをもとに、以下の3つの仮説を立て、検証することを目的とした。また、若手社員が行って

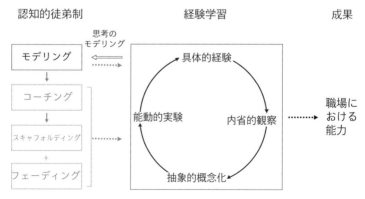

図5－1　徒弟制での学習、思考のモデリング、経験学習、職場における
　　　　能力の統合的な仮説モデル

図5‐2　本調査の仮説モデル

いる思考のモデリングの実態を調査することも目的とした。

仮説 1：思考のモデリングは経験学習に正の影響を与える

仮説 2：思考のモデリングは職場における能力向上に正の影響を与える

仮説 3：経験学習は職場における能力向上に正の影響を与える

②質問紙の構成

　本調査では、独自に作成した思考のモデリング、経験学習（木村ほか 2011）、職場における能力向上（中原 2010）の各尺度および統制変数を構成する質問項目を用いた質問紙調査を実施した。それぞれを構成する質問項目および回答法は以下のとおりである。

思考のモデリング

　思考のモデリングについては、「あなたは、職場で先輩や上司の仕事中の考え方や工夫を学んでいますか。あてはまるものを 1 つ選んでください」という教示文に対し、「1.　全く学んでいない」～「5.　非常に学んでいる」までの 5 段階で回答を求めた。また、「5.　非常に学んでいる」「4.　学んでいる」を回答した場合、「あなたは、どのようなものに注目して、どんな職場の先輩や上司の考え方や工夫を学んでいますか。具体的に 1 つ教えてください」という教示文を出し、自由記述で回答を求めた。

経験学習

　経験学習については、木村ほか（2011）の経験学習尺度、計 16 項目を使用した。「あなたは職場において、以下のような行動を取っていますか。最もあてはまるものをそれぞれ 1 つ選んでください」という教示文に対し、「いつもしている」から「まったくしていない」までの 5 段階で回答を求めた。

職場における能力向上

　職場における能力向上については、中原（2010）の職場における能力
向上尺度を使用した。質問項目は「業務を工夫してより効果的に進められ
るようになった」「より専門性の高い仕事ができるようになった」な
ど17項目を採用した。「会社に入社してからの変化について、最もあ
てはまるものをそれぞれ1つ選んでください」という教示文に対し、
「非常にあてはまる」から「全くあてはまらない」までの5段階で回答
を求めた。

統制変数

　性別（男性を1、女性を0とする男性ダミー）、年齢、職位（一般メンバーを1、
その他を0とする一般メンバーダミー）、最終学歴（大学及び大学院を1、その他
を0とする大卒ダミー）、企業規模（300人以上を1、その他を0とする300人以
上ダミー）、就業形態（正社員を1、その他を0とする正社員ダミー）、業種（製
造業以外のダミー変数を投入）を統制した。

③思考のモデリングの実態分析の方法

　718の有効回答のうち、思考のモデリングの質問で「5. 非常に学ん
でいる」または「4. 学んでいる」を選択した回答者425名を対象とし
た。分析手順としては、有効回答718名における「職場における能力
向上」の合計（最大91、最小7）の平均値を算出し、平均値以上を上位群、
平均値未満を下位群として分けた。その後、各群の自由記述のデータに
対して名詞と動詞に関する単語頻度分析を行い、両群に共通する特徴と、
両群の特徴的な違いを分析した。

2. 調査結果

（1）変数の構成

①思考のモデリング

　「あなたは、職場で先輩や上司の仕事中の考え方や工夫を学んでいますか。あてはまるものを１つ選んでください」という問いに対する回答（$M = 3.49, S.D. = 1.01$）を用いた。

②経験学習

　木村（2012）に沿って、因子数を検討したところ、初期の固有値は8.654, 1.067, 0.613, 0.607, 0.560 と推移したため、２因子構造が妥当だと考えられた。そこで２因子構造を想定し、最尤法、プロマックス回転による因子分析を行った。第１因子には、木村ほか（2011）の内省的観察因子、抽象的概念化因子、能動的実験因子に該当する全ての項目が.40 以上の因子負荷量を示した。第２因子には、木村ほか（2011）の具体的経験因子に該当する全ての項目が.40 以上の因子負荷量を示した。そこで第１因子を「内省的観察と抽象的概念化を通した能動的実験因子」、第２因子を「具体的経験因子」とした。次に、探索的因子分析の結果に基づき、確証的因子分析を行った（表5 - 1）。適合度指標は、$\chi^2 (103) = 302.015$ （$p < .001$）、$RMSEA = .052$、$SRMR = .030$、$CFI = .970$、AIC = 25004.451、BIC = 25251.580 であり、良好な適合度を示した。

③職場における能力向上

　職場における能力向上の質問項目については、木村（2012）、中原（2010）を参考に６因子構造を想定して確証的因子分析を行った（表5 - 2）。適合度指標は $\chi^2 (119) = 784.08$ （$p < .001$）、$RMSEA = .088$、$SRMR = .049$、$CFI = .897$ であった。α 係数は .760 であった。因子間

表 5 - 1　経験学習に関する確証的因子分析の結果（N = 718）

	M	S.D.	F1	F2
経験から学んだことを実際にやってみる	3.37	.97	**.78**	
自分の仕事の成功や失敗の原因を考える	3.34	.98	**.76**	
経験の結果を自分なりのノウハウに落とし込む	3.24	.98	**.75**	
過去の経験に基づいて仮説を立てる	3.26	.96	**.69**	
必要な情報を集めて、経験したことを分析する	3.21	.98	**.75**	
他の状況にもあてはまるような仕事のコツを見つける	3.16	.97	**.76**	
自分のやり方が正しいかどうか試す	3.23	.97	**.70**	
様々な仕事場面に共通する法則を見出す	3.07	1.00	**.74**	
新しく得たノウハウを実際に応用する	3.20	.98	**.75**	
あるやり方が他の場面でも使えるかどうか実験する	3.06	1.01	**.74**	
様々な意見を求めて自分の仕事のやり方を見直す	3.18	.97	**.69**	
経験したことを多様な視点から捉え直す	3.13	.96	**.74**	
常に新しいことに挑戦する	2.87	.99		**.72**
失敗を恐れずにやってみる	3.00	.99		**.76**
困難な仕事に立ち向かう	3.01	1.00		**.72**
様々な経験の機会を求める	3.06	1.03		**.77**
			F1	F2
因子間相関			F1	
			F2	.84

表 5 - 2　職場における能力向上に関する確証的因子分析の結果（N = 718）

	M	S.D.	F1	F2	F3	F4	F5	F6
業務を工夫してより効果的に進められるようになった	3.45	.94	.76					
仕事の進め方のコツをつかんだ	3.47	.95	.77					
苦手だった業務を円滑に進められるようになった	3.17	.91	.73					
より専門性の高い仕事ができるようになった	3.28	1.02	.68					
自分の判断で業務を遂行できるようになった	3.41	.94	.73					
他者や他部門の立場を考えるようになった	3.31	.92		.80				
他者や他部門の業務内容を尊重するようになった	3.28	.92		.76				
他者や他部門の意見を受け入れるようになった	3.35	.90		.81				
複数の部門と調整しながら仕事を進められるようになった	3.20	.93			.78			
初めて組む相手ともうまく仕事を進められるようになった	3.09	.91			.71			
より大きな視点から状況を捉えられるようになった	3.22	.90				.73		
多様な観点から考えるようになった	3.29	.91				.76		
自分のマイナス面を素直に受け入れることができるようになった	3.16	.91					.65	
以前の自分を冷静に振り返られるようになった	3.25	.88					.74	
精神的なストレスに強くなった	3.07	1.01						.80
精神的に打たれ強くなった	3.19	1.02						.85
我慢することを覚えた	3.38	.94						.54
			F1	F2	F3	F4	F5	F6
因子間相関			F1					
			F2	.80				
			F3	.88	.93			
			F4	.89	.86	.95		
			F5	.88	.88	.91	.98	
			F6	.65	.63	.66	.69	.76

相関は .63 〜 .98 で、一部の因子間相関は非常に高かった。因子間相関が高いことに加え、木村（2012）は6つの因子を包括する因子を「能力向上」因子と命名し、信頼性係数 α の値が十分に高いことを確認した上で全項目の可算平均を「能力向上」の得点とし、経験学習の影響を分析していたことから、本研究も6つの因子を包括する因子を「職場における能力向上」と命名した。命名については木村（2012）と異なるが、中原（2010）の議論と本調査の趣旨を踏まえた上で「職場における」を追加している。「職場における能力向上」の信頼性係数 α を求めた結果、.760 と十分な値を示したため、下位尺度に相当する項目を単純加算し、「職場における能力向上」の得点とした。

（2）相関分析の結果

相関分析の結果は表5 – 3のとおりだった。全ての変数間に $r =$ .382 〜 .806 の有意な正の相関が見られた。

（3）パス解析の結果

図5 – 2の仮説モデルについて、経験学習の順序を考慮した上で、構造方程式モデリングを用いて検証した結果を図5 – 3に示した。適合度指標は $\chi^2(901) = 209442$（$p < .000$）、$RMSEA = .043$、$SRMR = .048$、$CFI = .914$ であり、良好な適合度を示した。

仮説1については、思考のモデリングが、具体的経験に $\beta = .46$（$p <$ .001）の正の影響を与えていたものの、内省的観察と抽象的概念化を通した能動的実験には有意な影響を与えていなかったことから、一部支持

表5 – 3　相関分析の結果（N = 718）

	1	2	3	4
1　思考のモデリング				
2　具体的経験	.405***			
3　内省的観察と抽象的概念化を通した能動的実験	.401***	.806***		
4　職場における能力向上	.382***	.623***	.711***	

***p<.001

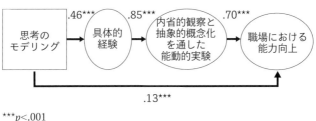

***p<.001

図5−3　パス解析の結果（N = 718）

された。また、思考のモデリングが、職場における能力向上に β = .13（$p < .001$）の有意な正の影響を与えていたことから、仮説2は支持された。仮説3については、内省的観察と抽象的概念化を通した能動的実験は、職場における能力向上に β = .70（$p < .001$）の有意な正の影響を与えていた一方、具体的経験は有意な正の影響を与えていなかった。そのため、仮説3については一部のみ支持された。

（4）思考のモデリングの単語頻度分析の結果

　有効回答718名の職場における能力向上の合計の平均値は52.20、標準偏差は10.66だった。これをもとに思考のモデリングの質問で4もしくは5を選択した回答者425名を群分けし、データクリーニングをした結果、平均値以上の上位群は264名、平均値未満の下位群は155名となった。

　形態素解析を行う際は、分析対象となる文章を単語の単位に区切って単語頻度分析を行った。両群の人数差を考慮し、上位群は頻度8語以上、下位群は頻度5語以上の名詞、動詞の単語を抽出した。その結果をまとめたものが表5−4である。灰色の背景色をつけた単語は、表の範囲内で上位群のみもしくは下位群のみに現れたものである。なお、頻度数を問わなければ両群に確認できるものもある。

　両群ともに頻度数が上位20位に含まれた単語としては「先輩」「上司」といった観察対象者に関するもの、「仕事」「資料」「方法」「過去」「業務」「仕方」「やり方」「進め方」といった観察対象に関するもの、

表 5 - 4　思考のモデリングに関する自由記述における単語の頻度表

「職場における能力向上」上位群（N=264）

抽出語	頻度数	抽出語	頻度数	抽出語	頻度数
学ぶ	152	作成	19	真似	10
先輩	132	考え方	18	電話	10
見る	93	参考	18	日々	10
仕事	72	やり方	16	会話	9
上司	57	進め方	16	確認	9
資料	52	対応	16	取る	9
自分	49	考える	14	伝える	9
方法	40	観察	13	分析	9
仕方	36	接客	13	コミュニケーション	8
過去	33	お客様	12	行う	8
聞く	30	人	12	実際	8
行動	25	内容	12	知識	8
効率	22	勉強	11	発言	8
読む	22	顧客	10	必要	8
業務	20	作る	10		

「職場における能力向上」下位群（N=155）

抽出語	頻度数	抽出語	頻度数	抽出語	頻度数
学ぶ	78	人	10	行う	6
先輩	62	思う	9	話し方	6
見る	56	進め方	9	結果	5
仕事	39	読む	9	考える	5
資料	26	お客様	8	姿勢	5
自分	25	作成	8	進める	5
上司	20	真似	8	提案	5
方法	20	対応	8	勉強	5
過去	19	知識	8	話	5
聞く	19	メール	7		
やり方	16	説明	7		
効率	16	盗む	7		
仕方	12	データ	6		
業務	11	確認	6		
参考	11	教える	6		

「見る」「聞く」「読む」といった思考のモデリングの方法に関するものが確認された。

　それぞれの単語に関する実際の自由記述を確認すると、例えば、「先輩のフォルダの中の作成された資料を見て過去の仕事のやり方を学んだ」や「先輩の販売を見る。販売の仕方の本を読む。自分のやり方に取り込める」「先輩の月間の活動報告資料を読んで、計画〜反省までのPDCAサイクルを学ぶ」などがあった。

　上位群のみで抽出された単語のうち、観察対象に関するものについては、仕事相手を含むもの、話に関するもの、その他の３つが確認できた。仕事相手を含む観察対象については、「顧客」「接客」「電話」があった。話に関する観察対象については、「コミュニケーション」「取る」「伝える」「会話」「発言」があった。その他の観察対象については、「行動」「考え方」「内容」「必要」「作る」があった。「作る」については、「作り方」や「作った資料」などが多かったため、観察対象に位置づけた。思

考のモデリングの方法に関するものについては、「観察」「分析」があった。「観察」「分析」はともに動詞的に記述されているものが多かったため、思考のモデリングの方法に位置づけた。

それぞれの単語に関する上位群の実際の自由記述を確認すると、例えば、「上司が対面や電話で顧客と接しているのを観察し、顧客とのコミュニケーションの取り方を見て学ぶ」「上司の行動が常に社内のためではなく、お客様のために行動していることで、仕事に対する意識を学んだ」「先輩と会話して考え方を学んで、自分に取り入れられる部分はとり入れている」「資料を作るときの考え方について、誰を対象に見せる資料かで作り方が変わることを学んだ」「上司の日頃の数字の捉え方を目の当たりにして、数字分析の仕方を学んだ」「上司の過去のプレゼン資料を読み、企画の魅力をどのように伝えるかを学んだ」「上司の発言から、会社として、この部署として、自分は何をすべきなのかを学んだ」等があった。

下位群のみで抽出された単語のうち、観察対象に関するものについては、話に関するもの、その他の2つが確認できた。話に関する観察対象については、「メール」「説明」「話し方」「話」「提案」があった。その他の観察対象については、「データ」「結果」「姿勢」「進める」があった。「進める」については、「どう進めていけばいいのか」などが多かったため、観察対象に位置づけた。思考のモデリングの方法に関するものについては、「盗む」があった。なお、「思う」は記述の最後に付けられているものが多かったため、思考のモデリングの方法には含めないこととした。また「教える」については全て受動態での記述だったため、同じく思考のモデリングの方法には含めないこととした。

それぞれの単語に関する下位群の実際の自由記述を確認すると、例えば、「いいところ。仕事に対する姿勢を自分の目で見ていいところは盗んでいけるようにしている」「上司がまとめた過去のデータ資料を参考に検査結果等のデータのまとめかたを学んだ」「どのように説明すれば分かりやすいのか普段話している中で学んでいる」などがあった。

（5）考察

①思考のモデリングは、具体的経験を促進する

　仮説1「思考のモデリングは経験学習に正の影響を与える」については、具体的経験には正の影響を与えたが、内省的観察と抽象的概念化を通した能動的実験に対しては影響が見られなかった。そのため、仮説1は一部のみ支持されたといえる。思考のモデリングが具体的経験に正の影響を与えた理由としては、具体的経験に向けた準備の機能を果たしていたことが考えられる。例えば、「先輩のフォルダの中の作成された資料を見て過去の仕事のやり方を学んだ」の事例は、自身が取り組む際の仕事の事前準備として、過去の仕事のやり方を学んだものと考えられる。

　一方、思考のモデリングが内省的観察と抽象的概念化を通した能動的実験に対して影響を与えなかった理由としては、上司や先輩の特定の仕事場面における考え方や工夫の方略を観察して学んだとしても、内省的観察と抽象的概念化を通した能動的実験といった一連の仕事のプロセスに関する俯瞰的な概念モデルの形成ができていなかったからだと考えられる。例えば、「上司の過去のプレゼン資料を読み、企画の魅力をどのように伝えるかを学んだ」の場合、その上司のプレゼンという特定の仕事場面における方略を学んでいるとはいえるが、自身の内省的観察と抽象的概念化を通した能動的実験といった一連の仕事のプロセスに関する俯瞰的な概念モデルの形成にはなっていなかったと考えられる。これに対し、「先輩の月間の活動報告資料を読んで、計画〜反省までのPDCAサイクルを学ぶ」のように、俯瞰的な概念モデルを形成する段階までできていたと考えられる実態データも見られたが、割合としては少なかった。以上より、若手社員の思考のモデリングは、個々の仕事場面の方略や工夫に注目する傾向にあり、それが具体的経験の準備の機能を果たす効果がある一方、内省的観察と抽象的概念化を通した能動的実験といった俯瞰的な仕事の進め方に対する影響は薄いと考えられる。

②思考のモデリングは、職場における能力向上を促進する

　仮説2「思考のモデリングは職場における能力向上に正の影響を与え

る」については、検証の結果、支持された。実態データを参考にすると、業務に直結する思考のモデリングを行うことによって、職場における能力向上に影響を与えたのだと考えられる。例えば、「上司の日頃の数字の捉え方を目の当たりにして、数字分析の仕方を学んだ」の事例は、数字分析の仕方自体が業務上の能力に該当するため、正の影響をもたらすと考えられる。ただし、思考のモデリングが職場における能力向上へ与える影響の度合いについては、内省的観察と抽象的概念化を通した能動的実験が職場における能力向上へ与える影響の度合いと比べると小さかった。この原因としては、思考のモデリングが熟達者の特定の仕事場面や考え方を学習していることを意味するのに対し、内省的観察と抽象的概念化を通した能動的実験は若手社員が実際に経験した具体的な仕事場面を通した学習であり、前者も転移の観点からの学習効果があるものの、後者の方がより状況に沿った学習ができるからだと考えられる。

③内省的省察と抽象的概念化を通した能動的実験は、職場における能力向上を促進する

　仮説3「経験学習は職場における能力向上に正の影響を与える」については、検証の結果、一部のみ支持された。内省的観察と抽象的概念化を通した能動的実験が職場における能力向上に正の影響を与えた一方、具体的経験が職場における能力向上に直接影響を与えなかった原因としては、経験学習理論の前提が関係していると考えられる。KOLB（1984）の経験学習モデルでは、学習を経験に基づく継続的なプロセスと捉えている。そのため、具体的経験が単独で職場における能力向上に影響を与えるのではなく、具体的経験を経て、内省的観察と抽象的概念化を通した能動的実験を行うことにより、職場における能力向上に正の影響を与えたという結果は、理論的には妥当だと考えられる。

④より活躍する若手社員は、仕事や業務の仕方や方法や進め方、過去の
　資料に加えて仕事相手を含む対象まで観察し、見る・聞く・読むこと
　に加え、分析しながら思考のモデリングをしている

　職場における能力向上の上位群と下位群に共通する思考のモデリング
の特徴としては、「仕事」「資料」「方法」「過去」「業務」「仕方」「やり
方」「進め方」といった観察対象に関するもの、「見る」「聞く」「読む」
といった思考のモデリングの方法に関するものが確認された。また、上
位群と下位群で現れた単語自体は違うものの、話に関する観察対象も共
通していたといえる。

　一方、両者の違いも確認できた。まず、上位群のみの特徴として、仕
事相手を含む観察対象が多かった点が挙げられる。また、下位群のみの
その他の観察対象が「データ」「結果」「姿勢」「進める」だった一方、
上位群のみの観察対象は「行動」「考え方」「内容」「必要」「作る」となっ
っていた。これらについては上位群における7語以下、下位群における
4語以下で確認できるものも多かったため、特に頻度数の差が大きかっ
た単語に絞って分析した結果、上位群のみに顕著な傾向として「行動」
（25語）と「考え方」（18語）が挙げられた。上位群の自由記述の例を見
ると、「上司の行動が常に社内のためではなく、お客様のために行動し
ていることで、仕事に対する意識を学んだ」「先輩と会話して考え方を
学んで、自分に取り入れられる部分は取り入れている」と、行動部分に
より意識が向いていたり、目に見えない考え方までより意識が向いてい
ることが確認できる。つまり、上位群は上司や先輩の「行動」に対する
観察意識がより高いと同時に、目に見えない「考え方」への意識もより
高いといえる。

　また、思考のモデリングの方法についても違いが見られた。上位群の
みの思考のモデリングの方法としては「観察」（13語）「分析」（9語）が
あった。下位群は「観察」が3語、「分析」が1語だったことを踏まえ
ると、上位群はより意識的に「観察」をしていること、観察したものを
そのまま自分に応用する前に「分析」をしている傾向が高いと考えられ
る。一方、下位群のみのものとして「盗む」（7語）があった。しかし、

上位群も「盗む」は6語あったことから、下位群に顕著な傾向があるとは判断できなかった。

　以上より、若手社員は上司や先輩などから、主に仕事や業務の仕方や方法や進め方、過去の資料といった対象に注目し、見る・聞く・読むことで思考のモデリングをしていることが示された。さらに職場における能力向上の上位群では、仕事相手を含む対象まで観察できていること、上司や先輩の行動や考え方に対する意識をより向けられていること、観察・分析によってより深い思考に近づける方法を取っていることが示された。

（6）調査結果のまとめ

　調査結果をまとめたものが図5-4である。まず、若手社員は思考の

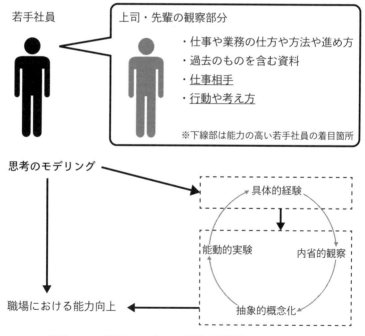

図5-4　思考のモデリングが経験学習と
職場における能力向上に与える影響の関係図

モデリングの際、上司や先輩などから、主に仕事や業務の仕方や方法や進め方、過去のものを含む資料といった対象に注目していることが示された。さらに職場における能力向上の上位群では、仕事相手を含む対象まで観察できていること、上司や先輩の行動や考え方に対する意識をより向けられていること、観察・分析によってより深い思考に近づける方法を取っていることが明らかになった。

このような思考のモデリングには、経験学習の具体的経験を促進する効果がある。これは、仕事のイメージを持つことで、仕事上の経験をするハードルが下がる効果があるためと考えられる。また、思考のモデリング自体が、職場における能力向上を促進する効果も明らかになった。これは、仕事のイメージをあらかじめ持つことで、仕事の質を高められるからだと考えられる。

最後に、経験学習については、具体的経験だけでは職場における能力向上を促進することはできず、内省的観察と抽象的概念化を通した能動的実験を経ることで、職場における能力向上を促進することが示された。

3. 人材育成に向けた提案

最後に、思考のモデリングに関する本調査の結果を踏まえ、活躍する若手社員の人材育成の方法を3つ提案する。

（1）上司・先輩の思考を可視化する

1つ目の提案は、職場における上司・先輩の思考を可視化することである。調査結果からも示されたように、上司・先輩の思考を資料にまとめることが効果的だが、暗黙知に関しては資料等にまとめづらい問題が残る。そのため、上司・先輩の暗黙知的な思考をいかに可視化できるかが鍵になる。

可視化の方法として、本章では2つの手法を紹介したい。1つ目は、

「思考発話法」である。思考発話法とは、ある課題に対して問題解決をしてもらったり、単に行動をしてもらったりしつつ、都度どのようなことを考えているかを口に出してもらう方法である。熟達者研究などでよく用いられる手法であり、難解な問題に対してどのような箇所に着目し、どのような方略を立てて、何をしようとしているかなど、より細かい思考を言語化できる点が特徴である。

　例えば、「新商品の企画を通せるプレゼンの準備をしてください」という課題を上司・先輩に行ってもらい、思考発話してもらうとする。もちろん通常業務でもこのような課題を上司・先輩はしていると思うが、隣に若手社員がいても、上司・先輩が何も発言しなければ、若手社員は上司・先輩が何を考えてこれを作ったのかがわからない。一方、思考発話法を使い、仮に上司・先輩が「うーんと、過去の経験からすると、まず自社の既存商品の傾向を示した上で、課題をしっかり示すと新商品の意義をわかってもらえるんだよな」と発話すると、この課題に着手する際の思考を若手社員も知ることができるようになるのである。思考発話法は慣れるまでに時間がかかるものの、OJTとも相性のよい手法といえるだろう。

　上司・先輩の思考を可視化する2つ目の手法は、業務上の問題を動画や画像で提示し、解決に向けた各自の思考を文字化して共有することである。通常、業務上の問題場面はその都度変わることが多く、全く同じ場面には出くわしにくい。そのため、思考の前提条件が違ってしまい、自分と他者の思考の違いを共有しにくい。認知的徒弟制のモデリングや、上述した思考発話法は、同じ場面に上司・先輩と若手社員がいるため、同じ前提に立つことができるが、その場にいなければモデリングさせにくいというデメリットがある。そこで、ある問題場面を動画もしくは画像でシミュレーション的に提示し、解決に向けての思考を部署全体で書き込んでもらい、それを共有する方法がよいと思われる。

　例えば、デパート内での店舗販売の売り上げが伸びない問題に対し、実際の店舗の写真や、従業員やお客の動きを含めた動画を社内のSNSなどで共有し、上司・先輩、若手社員の各自がどういう思考でどういう

解決方法を取るかを共有するなどが挙げられる。その結果、「お客の年齢層と、セール商品やウリの商品のターゲット層がずれている気がするので、前に出す商品を変えてみるべき」や「お客の視線がすぐに他のところに移っているので、まずは長時間店舗に注目してくれるものを用意するほうがよい」「隣の店舗のほうが入り口に近く、値段も安いので、差別化を図ったほうがよい」など、上司・先輩によって異なる多様な思考を若手社員にモデリングさせることができる。

　このように、思考発話法を使って深い思考をモデリングさせたり、動画や画像を使った問題解決のシミュレート・共有を通してより多様な思考を経験させることが効果的だと考えられる。また、思考のモデリングをさせた後は、「じゃあ、次は自分で実際に考えてやってごらん」と経験学習の具体的経験を促す声がけをすることも効果的だろう。

(2) 行動に隠れた「なぜ」「何のために」のコミュニケーションを促す

　活躍する若手社員の人材育成の方法として2つ目に提案したいことは、行動に隠れた「なぜ」「何のために」のコミュニケーションを促すことである。

　上述したような上司・先輩の思考の可視化をしたとしても、上司・先輩自身も言語化できない部分は残ると思われる。そこで重要になってくるのが、「なぜ」「何のために」という質問をして、上司・先輩の思考の深い部分まで可視化することである。具体的には、OJT中に上司・先輩の思考発話をしてもらう場合であれば、若手社員に対し、「少しでも気になる行動や思考があれば、積極的に「なぜ」「何のために」という質問をしてみよう」と声がけをするのがよいだろう。また、動画や画像を使った問題解決のシミュレート・共有をする研修をする場合であれば、講師やコーディネータから積極的に「なぜ」「何のために」という質問をすることで、より深い思考の可視化ができる。

(3) 思考の軌跡が残るものを若手社員に伝える

　活躍する若手社員の人材育成の方法として3つ目に提案したいことは、

思考の軌跡が残るものを若手社員に伝えることである。上述した2つの提案は、上司・先輩が思考を言語化して若手社員に伝えるアプローチを取っていたが、3つ目の提案では、若手社員自身がモデリングできる思考の軌跡を発見させるアプローチを取っている。

　例えば、今回の調査における思考のモデリングの回答の中に、「先輩のデジタル上の発注履歴書を分析することでいつ何を発注すればよいか学んだ」というものがあった。これは職場における能力向上の上位群が回答したものである。「デジタル上の発注履歴書」という単語は頻出していたわけではなかったが、この回答者はおそらく、上司・先輩の思考の軌跡が残っているものとして、これに着目したのだと思われる。

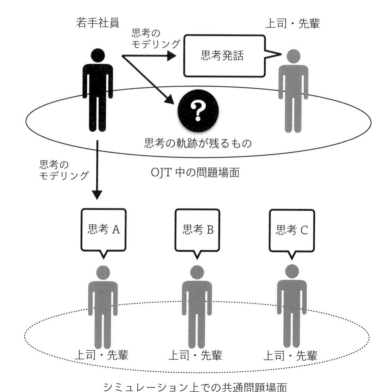

図5－5　思考のモデリングを促す人材育成の方法のまとめ

どのようなものに上司・先輩の思考の軌跡が残っているかは業種や職種によってさまざまだと思われるが、良質なモデリングを可能にするものとして何が挙げられるかを整理し、若手社員に伝えるのは有効だろう。

（4）思考のモデリングができる人材育成に向けた提案のまとめ

　以上、3つの提案を行ってきたが、これらをまとめたものが図5–5である。まず、最も取り組みやすい方法として、上司・先輩の思考を可視化することが挙げられる。思考の可視化はOJTや研修との相性がよいので、多様な場面で実施可能である。さらに思考のモデリングを促す方法としては、「なぜ」「何のために」という質問を上司・先輩にしてさらに深い思考を可視化させる方法と、思考の軌跡が残る特殊な着眼点を若手社員に共有するとよいだろう。

　一方、本章冒頭で述べたように、思考のモデリングに関する支援方法は未発達な状況である。本章で提案した人材育成手法の実装方法や、効果検証については今後の課題になるだろう。

注記

　本章は池尻ほか（2021）を加筆修正し構成したものである。

（池尻良平）

第6章

活躍につながる仕事の工夫
──ジョブ・クラフティング

> マネジャーの多くが、「部下の育成」に悩みを抱えている。活躍する若手社員は日頃業務の中でどのような工夫をしているのだろうか？　彼らの工夫がわかれば、部下にどのような行動をするよう促すべきか明確になるだろう。この章では、池田ほか（2020）の「若年労働者のジョブ・クラフティングと職場における能力向上」をもとに若手社員の成長におけるジョブ・クラフティングの効果について検討した結果を示す。また、それをもとに部下の仕事の工夫や、彼らの成長を促す上で、上司は何ができるかについてまとめる。

1. はじめに

（1）ジョブ・クラフィングとは？

　ジョブ・クラフティングは、主体的に、仕事をする際の手順を変える、一緒に仕事をする人を増やしたり、関わり方を変える、仕事の捉え方を変えるなどの行動のことを指す（e. g. WRZESNIEWSKI and DUTTON 2001, 高尾 2019）。こうした仕事の変更は、従業員自身の仕事の意味を変化させると考えられている（高尾 2019）。イェール大学の WRZESNIEWSKI 教授と、ミシガン大学の DUTTON 教授が、2001 年に提唱した概念であり、正確には「個人が仕事におけるタスクや関係的境界を物理的あるいは、認知的に変えること」と定義される（WRZESNIEWSKI and DUTTON 2001）。

第6章　活躍につながる仕事の工夫 ｜ 117

WRZESNIEWSKI and DUTTON（2001）によると、ジョブ・クラフティングは、タスク次元、人間関係次元、認知次元という3つの次元から成り立つ（表6‐1）。1つ目のタスク次元ジョブ・クラフティングは仕事の中で行うタスクの数や範囲等を変更させることを意味する。具体例としては、仕事の手順を変更する（関口 2010）、仕事の中に自分なりの意義を見出すために、仕事のやり方や内容に工夫を加える（森永ほか 2015）などが挙げられる。2つ目の人間関係次元ジョブ・クラフティングは、職場での他者との関わり方を量的、質的あるいは両方変更させることを意味する。具体例としては、仕事を通じて関わる人の数を増やす（関口 2010）、自分の仕事に意義が感じられるように、周囲の人との関係を積極的に作る（森永ほか 2015）などが挙げられる。最後に、認知次元ジョブ・クラフティングは仕事全体についての意味づけを変更することを意味する。具体例としては、目の前の仕事が、他者や社会に対して与える意義について考えることなどが挙げられる（WRZESNIEWSKI and DUTTON 2001）。

表6‐1　ジョブ・クラフティングの次元ごとの定義と具体例

ジョブ・クラフティングの次元	定義	具体例
タスク次元ジョブ・クラフティング	仕事の中で行うタスクの数や範囲等を変更させること	・仕事の手順の変更 ・仕事の中に自分なりの意義を見出すために、仕事のやり方や内容に工夫を加える
人間関係次元ジョブ・クラフティング	職場での他者との関わり方を量的、質的あるいは両方変更させること	・仕事を通じて関わる人の数を増やす ・自分の仕事に意義が感じられるように、周囲の人との関係を積極的に作る
認知次元ジョブ・クラフティング	仕事全体についての意味づけを変更すること	・目の前の仕事が、他者や社会に対して与える意義について考える

出所：WRZESNIEWSKI and DUTTON（2001）、関口（2010）、森永ほか（2015）をもとに筆者作成。

(2) ジョブ・クラフティングと若手社員の成長の関係

　海外の研究では、ジョブ・クラフティングは従業員の内発的動機を高め、仕事への関与の増加を促し、結果としてタスクパフォーマンスを強めるという仮説の検証が行われている（WESELER and NIESSEN 2016）。つまり、仕事をする際の手順を変える、一緒に仕事をする人を変えることで、従業員はお金や評価のために働くのではなく、仕事をやりたくてやる、仕事が楽しいからやるといった動機から仕事に関わるようになると考えられている。そして、その結果として彼らのパフォーマンスが向上すると予想されているのである。WESELER and NIESSEN（2016）の研究では、タスク次元ジョブ・クラフティングの増加が自己評価、および上司の評価するタスクパフォーマンスに正の影響を、人間次元ジョブクラフティングの増加が自己評価によるタスクパフォーマンスに正の影響を与えるという結果が確認されている。つまり、ジョブ・クラフティングの中でも仕事をする際の手順を変えることや、一緒に仕事をする人を変えることは高いパフォーマンスを発揮する上で重要な要素だと考えられる。

　高いパフォーマンスを発揮できるかどうかは、外部環境にも左右されるが、労働者の職場における能力向上によっても導かれると予想される。実際に、伊勢坊（2012）は職場における能力向上が個人の業績に正の影響を与えることを確認している。そこで本研究では、若手社員の活躍の指標である、職場における能力向上とジョブ・クラフティングの関係について検討を行うことにした。

　また、先に示した、WESELER and NIESSEN（2016）の研究では、タスク次元ジョブ・クラフティングと人間関係次元ジョブ・クラフティングが重要であることが示唆されていたが、日本の若手社員を対象とした場合は、認知次元ジョブ・クラフティングが職場における能力向上に寄与する可能性がある。なぜなら、わが国の日本の若手社員は仕事をする上で、「自分のやりたい仕事であること」を重視する傾向にあること（朝永 2006）や、やりがいを重要視する傾向にあること（パーソルキャリア株式会社 2019）が示されているからである。そこで、タスク次元ジョブ・

クラフティングと人間関係次元ジョブ・クラフティングのみならず、認知次元ジョブ・クラフティングも職場における能力向上に影響を与えると予想し、研究を行った。

（3）ジョブ・クラフティングの促し方とは？

　先行研究のレビューから、活躍している若手社員はジョブ・クラフティングをしていることが予想されたが、ジョブ・クラフティングを促すにはどうしたらよいのだろうか？

　ジョブ・クラフティングを促す要因は、職場環境要因、仕事の特徴、個人要因等多岐にわたるといわれている（LEE and LEE 2018）。しかしながら、ジョブ・クラフティングを促すために、仕事の特徴の異なる部署に異動させる、部下の性格を変えるというのは現実的ではない。そこで、本章では職場環境要因に注目する。

　高尾（2019）がジョブ・クラフティングに関するレビュー論文の中でまとめているように、ジョブ・クラフティングに影響を与える職場環境要因として多く取り上げられているのは、上司に関わる要因である。例えば、LI（2015）はLMX（leader-member exchange）、すなわち、リーダーとメンバーの間で形成される社会的交換関係の質（竹内・竹内 2009）がジョブ・クラフティングに正の影響を与えることを確認している。つまり、上司と部下が良好な関係を築けていることが、ジョブ・クラフティングを促すと示唆されている。

　上司がどのようなことをすれば、部下のジョブ・クラフティングが促されるのか、ということに関しても検討されているが、ジョブ・クラフティングを促す効果的な上司の支援方法については、残念ながら知見が不足している。例えば、先行研究において、WRZESNIEWSKI and DUTTON（2001）は、上司が部下のタスクと時間を厳密に管理している場合、ジョブ・クラフティングが生じにくいと指摘している。また、LEANA *et al.*（2009）が保育士を対象に、有益なフィードバックを提供するような支援的な上司の行動は、個人のジョブ・クラフティングに統計的に有意な影響を与えないことを確認している。このように、ジョ

ブ・クラフティングに影響を与えない、もしくは負の影響を与え得るような上司の行動については検討がなされているが、ジョブ・クラフティングを促す支援方法については明らかにされていない。

　そこで本研究では、予備調査により、若手社員のジョブ・クラフティングを促す上司の支援について検討した上で、本調査を行い、上司の支援とジョブ・クラフティング、若手社員の職場における能力向上との関連を検討する。

2. 方法

（1）予備調査の概要

　インタビュー調査は、2019 年 1 月から 3 月にかけて行った。株式会社マイナビの協力のもと、従業員数 300 名以上の日本国内の民間企業に対し、人事 1 名、上司 1 名、および上司から見て活躍している若手社員 1 ～ 2 名の紹介を依頼し、その結果集まった日本国内の大手民間企業 6 社に在籍する 22 名を対象とした。調査対象者には、半構造化インタビューを 1 時間程度行い、活躍する若手社員の要因および、その育成方法について尋ねた。ただし、このインタビューは、活躍する若手社員の特徴、行動および、彼らを支援する方法を明らかにすることを目的としたものであったため、文字起こしをしたデータのうち、ジョブ・クラフティングに関連する発言がなされていた 9 名のインタビューデータを分析の対象とした。

（2）インタビュー調査の結果

　インタビューデータについて、まず WRZESNIEWSKI and DUTTON（2001）のジョブ・クラフティングの定義に該当する発言を抽出した。その結果、合計で 29 個のジョブ・クラフティングに該当する発言が導出された。ジョブ・クラフティングの次元別の内訳について

表6-2 インタビュー調査の結果

カテゴリ名	個数	カテゴリ名	個数
上司による業務プロセスへのフィードバック	8（5名）	会社の学習媒体	1（1名）
上司や先輩のモデリング	5（4名）	会社の評価基準の学習	1（1名）
上司の観察による多様な方略の認知	3（2名）	スキルアップのための金銭支援	1（1名）
試行錯誤	2（2名）	改善された労働環境への感謝	1（1名）
上司による仕事の一任	2（2名）	職場からの一時離脱と自己分析	1（1名）
強みの再発見	2（1名）	本による多様な方略の認知	1（1名）
上司の判断基準に関するフィードバック	2（1名）	先輩への相談	1（1名）
仕事の定義に関する上司のフィードバック	1（1名）	顧客との交流	1（1名）
昇格の意識	1（1名）	顧客との交流の支援制度	1（1名）
発注履歴からの学び	1（1名）	助けてもらった経験	1（1名）
顧客の反応からの学び	1（1名）	過去の成功体験	1（1名）
教える立場への転換	1（1名）	上司に頼られる経験	1（1名）
部下への配慮	1（1名）		

は、タスク次元が9個、人間関係次元が5個、認知次元が9個であった。なお、2つの次元を含む発言も6個（タスク次元と人間関係次元が3個、人間関係次元と認知次元が1個、タスク次元と認知次元が2個）存在した。

　次に、29個のジョブ・クラフティングを促した各要因を検討し、合計42個を導出した。ジョブ・クラフティングを促した要因について分類した結果、表6-2に示すとおり、合計で25個のカテゴリが導出された。その中でも「上司による業務プロセスへのフィードバック」は、分析対象者の半数以上から共通して挙がった要因であった。そのため、本研究では上司による業務プロセスへのフィードバックに注目し、ジョブ・クラフティングへの影響を検討した。

(3) 本調査の目的と仮説
　以上より、本章では上司による業務プロセスへのフィードバックとジョブ・クラフティング、若手社員の職場における能力向上の関連につい

て明らかにすることを目的とする。ここまでの検討と、フィードバック
は能力向上に対し、広く正の影響を与えること（LI *et al.* 2011）を踏まえ
た仮説モデル（図6‒1）と仮説は以下のとおりである。

　　仮説 1：上司による業務プロセスへのフィードバックはタスク次元ジ
　　　　　　ョブ・クラフティングに正の影響を与える
　　仮説 2：上司による業務プロセスへのフィードバックは人間関係次元
　　　　　　ジョブ・クラフティングに正の影響を与える
　　仮説 3：上司による業務プロセスへのフィードバックは認知次元ジョ
　　　　　　ブ・クラフティングに正の影響を与える
　　仮説 4：上司による業務プロセスへのフィードバックは職場における
　　　　　　能力向上に正の影響を与える
　　仮説 5：タスク次元ジョブ・クラフティングは職場における能力向上
　　　　　　に正の影響を与える
　　仮説 6：人間関係次元ジョブ・クラフティングは職場における能力向
　　　　　　上に正の影響を与える
　　仮説 7：認知次元ジョブ・クラフティングは職場における能力向上に
　　　　　　正の影響を与える

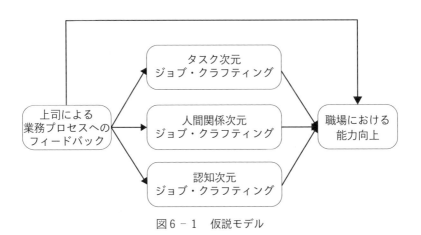

図6‒1　仮説モデル

（4）本調査の対象

　本研究では、第2章に示したインターネット調査で集めたデータを分析した。分析に使用した項目は以下のとおりである。

（5）調査項目

①上司による業務プロセスへのフィードバック

　インタビュー調査をもとに、「あなたの行動に対して、その意図を尋ねてくること」「あなたに指摘する際、理由も一緒に説明すること」「あなたがやりたい仕事に対して、どのようにやるとよいのかを助言すること」の3項目を作成した。「あなたの直属の上司が、以下の項目に示すような指摘や助言をすることは、どの程度ありますか。最もあてはまるものをそれぞれ1つ選んでください」という教示文に対し、「いつもする」から「全くしない」までの5件法で回答を求めた。

②ジョブ・クラフティング

　関口（2010）の8項目を使用した。質問項目例は「仕事をやりやすくするために必要な作業を追加する」である。「あなたはどのような仕事の仕方をしていますか。以下の項目について最もあてはまるものをそれぞれ一つ選んでください」という教示文に対し、「とてもよくあてはまる」から「全くあてはまらない」までの7件法で回答を求めた。

③職場における能力向上

　中原（2010）の17項目を使用した。質問項目例は「業務を工夫してより効果的に進められるようになった」である。「会社に入社してからの変化について、最もあてはまるものをそれぞれ1つ選んでください」という教示文に対し、「非常にあてはまる」から「全くあてはまらない」までの5件法で回答を求めた。

④統制変数

　性別（男性を1、女性を0とする男性ダミー）、年齢、職位（一般メンバーを1、

その他を0とする一般メンバーダミー）、最終学歴（大学および大学院を1、その他を0とする大卒ダミー）、企業規模（300人以上を1、その他を0とする300人以上ダミー）、就業形態（正社員を1、その他を0とする正社員ダミー）、業種（製造業以外のダミー変数を投入）を統制変数として投入した。

（6）変数の構成

仮説検証にあたり、まず探索的因子分析（最尤法、プロマックス回転）により変数の構成を行った。次に、構造方程式モデリングを用い仮説検証を行った。なお、因子数は平行分析により決定している。

①上司による業務プロセスへのフィードバック

上司による業務プロセスへのフィードバックに関する質問項目について探索的因子分析を行った結果を表6-3に示した。α係数は.841であった。

②ジョブ・クラフティング

ジョブ・クラフティングの質問項目について3因子構造と推定し、探索的因子分析を行った（表6-4）。第1因子は「タスク次元ジョブ・クラフティング」因子、第2因子は「人間関係次元ジョブ・クラフティング」因子、第3因子は「認知次元ジョブ・クラフティング」であった。α係数はそれぞれ $\alpha = .826$、$\alpha = .815$、$\alpha = .792$ であった。

表6-3　上司による業務プロセスへのフィードバックに関する因子分析の結果

		M	S.D.	F1
x1	あなたに指摘する際、理由も一緒に説明すること	3.11	1.05	.786
x2	あなたがやりたい仕事に対して、どのようにやると良いのかを助言すること	2.97	1.02	.773
x3	あなたの行動に対して、その意図を尋ねてくること	3.00	1.04	.749

表6-4　ジョブ・クラフティングに関する因子分析の結果

		M	S.D.	F1	F2	F3
y1	仕事の中身や作業手順を自分が望ましいと思うように変更する	3.94	1.38	**.882**	-.030	-.042
y2	仕事をやりやすくするために必要な作業を追加する	3.97	1.36	**.630**	.110	.083
y3	仕事で関係する人々の状況を把握し、相手の便宜をはかる	3.84	1.35	**.475**	.202	.187
y4	仕事を通じて関わる人の数を増やしていく	3.67	1.36	-.001	**.871**	-.019
y5	仕事を通じて積極的に人と関わる	3.80	1.44	.088	**.625**	.114
y6	自分の担当する仕事の目的がより社会的に意義のあるものであると捉え直す	3.54	1.31	-.030	-.021	**.902**
y7	自分の担当する仕事を見つめ直すことによって、やりがいのある仕事に見立てる	3.60	1.25	.177	.191	**.512**
因子間相関				F1	F2	F3
	F1					
	F2			.830		
	F3			.790	.810	

③職場における能力向上

　職場における能力向上の質問項目について3因子構造と推定し、探索的因子分析を行った結果を表6-5に示した。第1因子には「業務を工夫してより効果的に進められるようになった」などの項目が高い因子負荷量を示したので、「業務能力向上」因子という名前を付けた。α係数は.870であった。第2因子には「他者や他部門の業務内容を尊重するようになった」などの項目が高い因子負荷量を示したので、「協働スキルの向上」因子という名前を付けた。α係数は.869であった。第3因子には「精神的なストレスに強くなった」などの項目が高い因子負荷量を示したので、「タフネス向上」因子という名前を付けた。α係数は.825であった。

表 6 - 5　職場における能力向上に関する因子分析の結果

		M	S.D.	F1	F2	F3
z1	業務を工夫してより効果的に進められるようになった	3.45	.94	**.827**	.028	-.100
z2	仕事の進め方のコツをつかんだ	3.47	.95	**.752**	-.019	.070
z3	自分の判断で業務を遂行できるようになった	3.41	.94	**.694**	.033	.023
z4	苦手だった業務を円滑に進められるようになった	3.17	.91	**.564**	.102	.120
z5	より専門性の高い仕事ができるようになった	3.28	1.02	**.518**	.151	.035
z6	多様な観点から考えるようになった	3.29	.91	**.435**	.287	.063
z7	他者や他部門の業務内容を尊重するようになった	3.28	.92	-.110	**.869**	.010
z8	他者や他部門の立場を考えるようになった	3.31	.92	.069	**.721**	.042
z9	他者や他部門の意見を受け入れるようになった	3.35	.90	.179	**.656**	-.016
z10	複数の部門と調整しながら仕事を進められるようになった	3.20	.93	.261	**.557**	-.006
z11	初めて組む相手ともうまく仕事を進められるようになった	3.09	.91	.286	**.355**	.128
z12	精神的に打たれ強くなった	3.19	1.02	-.011	.013	**.884**
z13	精神的なストレスに強くなった	3.07	1.01	.001	.004	**.791**
因子間相関				F1	F2	F3
			F1			
			F2	.830		.
			F3	.700	.700	

3. 結果

　まず、相関分析を行ったところ、全ての変数間に $r = .325 \sim .829$ の有意な正の相関があることが確認された（表 6 - 6）。

　次に、図 6 - 1 に示した仮説モデルについて構造方程式モデリングを用いて検証した結果が図 6 - 2 である。適合度指標は $\chi^2 (417) =$

表6-6　相関分析の結果

		1	2	3	4	5	6	7
1	上司による業務プロセスへのフィードバック							
2	タスク次元ジョブ・クラフティング	.427						
3	人間関係ジョブ・クラフティング	.390	.825					
4	認知次元ジョブ・クラフティング	.445	.792	.812				
5	業務能力向上	.393	.578	.517	.484			
6	協働スキルの向上	.417	.542	.543	.491	.829		
7	タフネス向上	.325	.394	.429	.391	.657	.645	

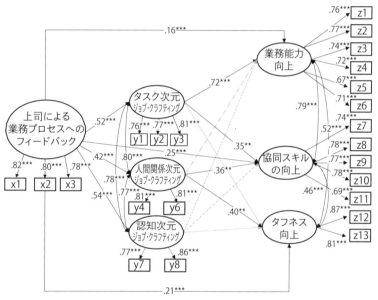

***p<.001, **p<.01, *p<.05

図6-2　仮説検証の結果

747.230（p < .001）、*RMSEA* = .033、*SRMR* = .024、*CFI* = .964 と 良好な値を示した。図中の黒い線は統計的に有意なパスを、グレーの線は有意でないパスを示している。なお、有意でないパス係数と統制変数については簡略化のために掲載していない。

仮説1〜3について、上司による業務プロセスへのフィードバックは、タスク次元ジョブ・クラフティングに $\beta = .52$ $(p < .001)$、人間関係ジョブ・クラフティングに $\beta = .42$ $(p < .001)$、認知次元ジョブ・クラフティングに $\beta = .54$ $(p < .001)$ の有意な正の影響を与えていたことから、仮説1〜3は支持された。仮説4について、上司による業務プロセスへのフィードバックは、業務能力向上に $\beta = .16$ $(p < .01)$、協働スキルの向上に $\beta = .25$ $(p < .001)$、タフネス向上に $\beta = .21$ $(p < .001)$ の有意な正の影響を与えていたことから、仮説4は支持された。仮説5について、タスク次元ジョブ・クラフティングは業務能力向上に $\beta = .72$ $(p < .001)$、協働スキルの向上に $\beta = .35$ $(p < .01)$ の有意な正の影響を与えていたもののタフネス向上には有意な影響を与えていなかったことから仮説5は一部支持された。仮説6について、人間関係次元ジョブ・クラフティングは、協働スキルの向上に $\beta = .36$ $(p < .01)$、タフネス向上に $\beta = .40$ $(p < .01)$ の有意な正の影響を与えていたものの、業務能力向上には有意な影響を与えていなかったことから仮説6は一部支持された。仮説7について、認知次元ジョブ・クラフティングは職場における能力向上の全ての因子に有意な影響を与えていなかったことから仮説7は支持されなかった（表6-7）。

表6-7　本研究の結果

仮説1：上司による業務プロセスへのフィードバックはタスク次元ジョブ・クラフティングに正の影響を与える	○
仮説2：上司による業務プロセスへのフィードバックは人間関係次元ジョブ・クラフティングに正の影響を与える	○
仮説3：上司による業務プロセスへのフィードバックは認知次元ジョブ・クラフティングに正の影響を与える	○
仮説4：上司による業務プロセスへのフィードバックは職場における能力向上に正の影響を与える	○
仮説5：タスク次元ジョブ・クラフティングは職場における能力向上に正の影響を与える	△
仮説6：人間関係次元ジョブ・クラフティングは職場における能力向上に正の影響を与える	△
仮説7：認知次元ジョブ・クラフティングは職場における能力向上に正の影響を与える	×

4. 考察

　本章では、まずインタビュー調査により若手社員のジョブ・クラフティングを促す効果的な上司の支援方法について検討を行った。その上で、インターネット調査を行い、上司による業務プロセスへのフィードバックとジョブ・クラフティング、若手社員の職場における能力向上の関連について検討した。

　分析の結果、第1に、上司による業務プロセスへのフィードバックはジョブ・クラフティングの全ての次元と、職場における能力向上全ての因子に正の影響を与えることが確認された。第2に、タスク次元ジョブ・クラフティングは、業務能力向上と協働スキルの向上に、人間関係次元ジョブ・クラフティングは、協働スキルの向上とタフネス向上に正の影響を与えることが確認された。

　まず、上司による業務プロセスへのフィードバックが若手社員のジョブ・クラフティングに正の影響を与えた結果について考察する。この結果は、上司が若手社員の業務遂行のプロセスに対し、フィードバックをすることが、若手社員のタスク変更、仕事で関わる人の量や質の変更、仕事の意味づけの変更を促すと解釈できる。先行研究において、ジョブ・クラフティングを促す効果的な支援方法については知見が不足していたが、本研究により新たに上司による業務プロセスへのフィードバックは、20代の若手社員のタスク次元ジョブ・クラフティングと人間関係ジョブ・クラフティングを促す可能性が明らかになった。

　次に、上司による業務プロセスへのフィードバックが職場における能力向上の全ての因子に正の影響を与えた結果について考察する。先行研究において、上司からの内省支援と精神支援が職場における能力向上に影響を与えることが示されていた（中原 2010）。それに加え、本研究の結果から、新たに上司による業務プロセスへのフィードバックが職場における能力向上に影響を与えることが示唆された。また、本研究の結果、

上司による業務プロセスへのフィードバックは、ジョブ・クラフティングを部分媒介することで職場での能力向上につながる可能性が示唆された。つまり、上司のフィードバックだけでなく、それにより、個々人の能動的な取り組みであるジョブ・クラフティングが促されることが、職場での能力向上にとって有効である可能性がある。

　最後に、ジョブ・クラフティングが職場における能力向上に与える影響について考察する。先行研究において、ジョブ・クラフティングがタスクパフォーマンスに影響を与えること（WESELER and NIESSEN 2016）および、職場における能力向上が個人の業績に正の影響を与えること（伊勢坊 2012）が明らかになっていた。それに加え、本研究の結果、タスク次元ジョブ・クラフティングが業務能力向上と協働スキルの向上に、人間関係次元ジョブ・クラフティングが協働スキルの向上とタフネス向上に正の影響を与えることが新たに確認された。認知次元ジョブ・クラフティングが職場における能力向上に有意な影響を与えなかった結果を見ると、若手社員はやりがいを重視する傾向にある（朝永 2006；パーソルキャリア株式会社 2019）ものの、自分の担当する仕事の意味づけを変更するのではなく、実際に仕事そのものや、人との関わり方を変化させない限り、能力の向上にはつながらない可能性が示唆されたといえる。

---

5. 人材育成に向けた提案

　最後に、本研究の結果明らかになったことを踏まえ、活躍する若手社員の人材育成の方法を 3 つ提案する。

（1）ジョブ・クラフティング事例について学ぶ
　1 つ目の提案は、実際に職場で行われているジョブ・クラフティング事例の共有である。ジョブ・クラフティングという言葉が注目を集め出しているものの、まだ全ての若手社員がこの概念を知っているとは言い

表6‐8　ワークシート

ジョブ・クラフティングの次元	○○具体例とそれによる成果（具体例→成果の形で記入してください）
タスク次元ジョブ・クラフティング	・ ・ ・
人間関係次元ジョブ・クラフティング	・ ・ ・
認知次元ジョブ・クラフティング	・ ・ ・

がたい。加えて、若手社員は、自ら仕事の内容を変更させるような行動を取ってもよいかどうか、判断がつかないことも多い。そこで、まずは彼らのジョブ・クラフティングを促すために、どのようなジョブ・クラフティングが今の職場で行われているのか、共有することが重要となる。具体例としては、表6‐8をワークシートとして用いて、職場独自の具体例を書き込み、それによりどのような成果（本人のモチベーションの向上や業務の効率化等）が生まれたか共有することが挙げられる。

　実際に、社内コミュニケーションツール（Slack）での業務上の工夫の共有によりジョブ・クラフティングが増えた例もある。例えば、Aさんの職場にはインフォーマルな会話をすることができるSlackが用意されていた。そこで、同僚のBさんは他部署や社外の人と自発的に関わりながら仕事をしていることを報告していた。同じ部署でない人と関わることが許容されていると知ったAさんは、専門的な知識を持っている社外の人と積極的に関わりながら仕事を遂行するようになったという。

（2）上司は部下の業務プロセスに対してフィードバックを行う

　本研究で示されたように、上司が部下に指摘をするときに理由も一緒に説明する、部下がやりたい仕事に対してどのようにやるとよいのかを助言する、部下の行動に対してその意図を尋ねるといったフィードバックは、部下のジョブ・クラフティングと職場における能力向上を促す。

例えば、Ｃさんは仕事をやりやすくするために、自発的にテレアポのための自動化プログラム（スクリプト）を作成するなどのジョブ・クラフティング行動を取っていた。そのような行動を取るようになったのは、上司から「上に上がりたいのなら、他の人にノウハウを発信するような仕事もするといいよ」とアドバイスを受けたのがきっかけだという。このように上司の業務プロセスに対するフィードバックは、将来やりたい仕事に向けて今の仕事にどのような工夫が加えられるか考えるきっかけを与える。

（3）工夫をしてよい範囲を決める

　ジョブ・クラフティングのような自発的行動は、他者の仕事のプロセスに影響を与えるため、しばしば批判を受けることもあると指摘されている（PARKER *et al.* 2010）。また、若手社員が決まった方法と異なる行動を取ることに対し、職場で批判が寄せられる可能性も少なくないだろう。せっかくジョブ・クラフティングするようになっても、その行動について職場で批判されるようであっては、ジョブ・クラフティングは定着しないと考えられる。

　そうした事態を防ぐ方法として、個人が仕事のやり方を変えてはいけない部分と、工夫をしてもいい部分を明確化することが重要である。例えば、このタスクを遂行する上で社内の人であれば他の人を巻き込んでも構わないが、社外の人を巻き込む際は上長に相談するよう、事前に決めておけば、社内の人と積極的に関わるかたちで、人間関係次元ジョブ・クラフティングを行う人に対する批判をおさえることができるだろう。

注記

　本章は池田ほか（2020）を加筆修正し構成したものである。

（池田めぐみ）

第7章

どうすれば離職を防げるか
──心理的居場所感

　　第5～6章では、活躍する若手社員の行動や、その育成方法について提示してきた。離転職者の割合も一定数いる近年では、手塩にかけて育てた若手社員が自社に定着することをどう促すか？　という観点も重要である。本章では、若手社員の心理的居場所感に注目し、若手社員の離職意図に与える影響について検討を行った。

1. はじめに

　バブル崩壊以降、日本企業における若手社員の早期離職が課題となっている。離職や転職が増える一因としては非正規雇用の増加が挙げられるが、福島（2017）が指摘するように、大卒の正社員でも退職経験を持つ20代は少なくない。厚生労働省（2019）によると、平成29年度3月の新規学卒就業者の離職率は大卒で32.8％である。図7−1にあるように、年により若干の変動はあるものの、約3割が3年以内に離職していることがわかる（厚生労働省2019）。

　また、入社3年目より後の離職率も少なくない。労働政策研究・研修機構（2017）が20〜33歳の男女に行った調査によると、最終学歴が大学、大学院の者の入社3年目より後の離職率は男性で25％、女性で40

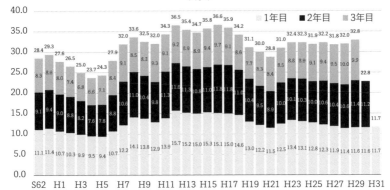

図7−1　大学卒業者の就職後3年以内離職率の推移

出所：厚生労働省（2019）

％である。このように、本書で対象とした、20代の大卒以上の若手正社員にとって離職は稀ではない事象である。

　早期離職の中にはキャリアアップとみなせる転職もあり、一概に早期離職を問題視することはできないものの、企業と個人に重大な損害を及ぼす可能性がある（初見 2018）。前者について、終身雇用を前提とし、企業特殊的な知識・能力の蓄積を競争力の源泉としてきた日本企業にとって、若手社員の早期離職は深刻な被害をもたらす可能性が指摘されている（初見 2018）。後者について、キャリアアップを志向する個人にとっても、早期離職は「希望が実現しないリスク」や「やり直しがきかないリスク」が伴う（福島 2017；初見 2018）。

　以上を踏まえると、企業と個人の間で望ましい関係性を促進することで若手社員の職場への定着を促すことは、若手社員にとっても企業にとっても重要だといえる。

　若手社員の離職要因はさまざまであるが、職場で役に立っているという感覚や、職場で受け入れられているという感覚が得られないことも離職の理由として挙げられている（寺畑 2009；労働政策研究・研修機構 2017）。役に立っているという感覚や、受け入れられているという感覚を指す用語に、「心理的居場所感」がある。近年、職場における心理的居場所感

に関する測定尺度が開発され（中村・岡田 2016）、知識獲得行動との関連が行われている（向日 2019）。しかしながら、若手社員の離職意図との関係については検討が行われていない。

　以上より、本研究では若手社員を対象に心理的居場所感が離職に与える影響を検討することを目的とする。ただし、若手社員の離職に影響を与える主要な要因として、先行研究で職務満足感などが挙げられているため、職務満足感の影響を統制した上で心理的居場所感が離職意図に与える影響を検討した。

2. 先行研究のレビューと仮説の提示

（1）心理的居場所感が離職意図に与える影響

　近年の若手社員の離職理由として、職場で役に立っているという感覚や、職場で受け入れられているという感覚が挙げられている。例えば若年層における継続就業の要因を検討した寺畑（2009）の研究では、辞めたいと思った理由として職場で自己の存在意義を見失ったことを挙げている。また労働政策研究・研修機構（2017）が行った第 2 回若年者の能力開発と職場への定着に関する調査では、「初めての正社員勤務先」を離職した理由として、回答者の 2 割程度が「仕事が上手くできず自信を失ったため」という理由を選択している。これらのことから、自分が職場で役に立っているという感覚や職場に受けられているという感覚を感じられないことは、若手社員の組織への定着を妨げていると予想される。

　このような感覚は、主に心理学の領域で心理的居場所感と呼ばれている。心理的居場所とは、「心の拠り所となる関係性、及び安心感があり、ありのままの自分が受容されている場」のことを指す言葉であり、心理的居場所感はこのような居場所があるという感情のことを示す（則定 2008）。

　心理的居場所感に関する研究は、児童期や青年期を対象に進められて

きたが、近年・労働者を対象とした検討も行われるようになった。具体的には、中村・岡田（2016）が「企業で働く人の職業生活における心理的居場所感」について「仕事内容に対する意識や職場環境などの自己の状態を反映し、自分が役に立ち受け入れられていると感じ、自分らしく行動でき、安心していられる心の状態」と定義し尺度開発等を行っている。その後心理的居場所感の変容プロセスと影響要因の検討が行われているほか（中村・岡田 2019）、心理的居場所感の下位因子である安心感と役割感が知識獲得行動に正の影響を与えること（向日 2019）、役割感が中高年正社員の職務パフォーマンスに正の影響を与えることなどが明らかにされている（田中・石山 2020）。先に述べたように、役立っているという感覚や受け入れられているという感覚が離職の理由として挙げられていることから、心理的居場所感は離職意図に負の影響を与えると予想される。しかしながら先行研究において心理的居場所感と離職意図の関連については検討が行われていない。

（2）離職意図と職務満足感

　海外の研究ではかねてより、職務満足感は、離職意図の先行要因であることが示されてきた（HOM *et al.* 2017）。国内の研究においてもナレッジワーカーを対象とした研究や（厨子・井川 2012）、介護職員を対象とした研究（橋本 2017）において、職務満足感と離職意図に負の関連があることが示されている。また本研究と同じ若手社員を対象とした初見（2018）の研究においても、職務満足感が離職意図に負の影響を与えることが確認されている。以上の知見から、職務満足感は離職意図に負の影響を与えることが予想される。

（3）本研究の目的

　本研究の目的は若手社員を対象に心理的居場所感が離職意図に与える影響を検討することである。ただし、離職意図に対しては職務満足感の影響も大きいと予想されるため、職務満足感の影響を統制した上での心理的居場所感の影響を検討した。

3. 調査方法

（1）調査対象

　本章では、第2章に示したインターネット調査で収集したデータを分析した。また、最終学歴や勤務形態により早期離職の割合が異なることが予想されていることから、最終学歴が大学、大学院以外のもののデータは分析から外し、さらに勤務形態を正社員に絞った。最終的な有効回答は598名であった。そのうち、男性は355名、女性は243名であり、平均年齢は26.47歳（S.D. = 2.00）であった。詳細な内訳は、表7-1に示すとおりである。

（2）使用した尺度

　分析に使用した項目は下記のとおりである。

①職業生活における心理的居場所感

　中村・岡田（2016）の職業生活における心理的居場所感尺度、計18項目を使用した。「あなたの職場について、以下の項目はどの程度あてはまりますか。最もあてはまるものをそれぞれ1つ選んでください」と

表7-1　有効回答の内訳

		度数	割合（%）
業種	製造業	153	25.59%
	情報・通信業	70	11.71%
	サービス業	154	25.75%
	金融・保険業	61	10.20%
	流通・運輸業	27	4.52%
	建設・不動産業	49	8.19%
	卸売・小売業	73	12.21%
	その他	11	1.84%
会社規模	300人未満	178	29.77%
	300人以上	420	70.23%

いう教示文に対し、「1. 全くあてはまらない」〜「5. 非常にあてはまる」の5件法で回答を求めた。

②離職意志

　山本（2007）の離職意志に関する2項目を使用した。「今後のキャリアについてお聞きします。以下の項目はどの程度当てはまりますか。最もあてはまるものをそれぞれ1つ選んでください」という教示文に対し、「1. 全くあてはまらない」〜「5. 非常にあてはまる」の5件法で回答を求めた。

③職務満足感

　労働政策研究・研修機構（2003）の尺度の中から、高田・川村（2018）において用いられた、職務内容満足感、人間関係満足感、職場環境満足感に該当する13項目を使用した。なお、アルバイト従業員を対象とするにあたり、高田・川村（2018）が追加した項目は外している。「あなたの今の仕事にどの程度満足していますか。最もあてはまるものをそれぞれ1つ選んでください」という教示文に対し、「1. 全くあてはまらない」〜「5. 非常にあてはまる」の5件法で回答を求めた。

4. 結果

（1）変数の構成

　まず、職業生活における心理的居場所感と職務満足感に関しては、因子分析を行い、変数を構成した。なお、離職意図に関しては、2項目で測定していることから加算得点を使用した。平均値は6.20（S.D. = 2.20）、$\alpha = .87$であった。

①職業生活における心理的居場所感

　中村・岡田（2016）において、職業生活における心理的居場所感は、人から頼りにされているなどといった感覚である「居場所役割感」、居心地の良さを感じるなどという感覚である「居場所安心感」、いつも自分を見失わないでいられるなどといった感覚である「居場所本来感」の3因子からなることが確認されている。これに沿って、3因子構造であることを仮定し確証的因子分析を行ったところ、因子間相関はいずれも.90を超えていた。また、3因子構造であることを仮定し探索的因子分析（最尤法、プロマックス回転）を行ったところ、多くの項目でダブルローディングが見られた。本研究のサンプルにおいては、3因子構造が再現されない可能性があったため、固有値1を基準に因子数を決定し、探索的因子分析をやり直し、1因子構造であることが確認された。$\alpha = .96$であった。全ての項目に高い因子負荷量を示したため、心理的居場所感と命名した。この結果をもとに確証的因子分析を行った結果（表7‒2）、

表7‒2　職業生活における心理的居場所感に関する因子分析の結果

	F1
私は必要とされている	.802
私は人の支えになっている	.805
私は役に立っている	.675
自分はここにいていいのだと感じる	.827
自分の存在が認められている	.732
私は人から頼りにされている	.835
安心していられる	.711
これが自分だと実感できるものがある	.805
私は大切にされている	.738
自分のことをかけがえのない人間なのだと感じる	.735
居心地のよさを感じる	.733
落ち着いた気持ちでいられる	.795
人のためにできることがある	.744
ありのままの自分でいいのだと感じる	.805
私は人に好感をもたれている	.687
いつも自分を見失わないでいられる	.648
自分にしかできない役割がある	.745
いつでもゆるがない自分をもっている	.731

適合度は $\chi^2\,(135) = 640.27$ $(p < .001)$、*RMSEA* = .079、*SRMR* = .038、*CFI* = .935 と、概ね良好であった。

②職務満足感

　因子分析の結果、適合度は $\chi^2\,(62) = 210.07$ $(p < .001)$、*RMSEA* = .063、*SRMR* = .048、*CFI* = .965 であり、概ね良好であった（表7-3）。高田・川村（2018）と同様に3因子構造になることが確認された。第1因子は、職務内容満足感（$\alpha = .89$）、第2因子は、人間関係満足感（$\alpha = .86$）、第3因子は、職場環境満足感（$\alpha = .81$）であった。

（2）仮説検証

　武石（2020）は、日本の就業実態は男女で差があることについて指摘している。具体的には、日本では、性別役割分業が強い社会構造や、それと関連して女性に家族のケア役割が期待されている現状があること、

表7-3　職務満足感に関する因子分析の結果

	F1	F2	F3
F1			
今の仕事にやりがいを感じる	.784		
今の仕事は達成感を感じられる	.864		
大切な仕事をしていると感じる	.802		
今の仕事は挑戦しがいのある仕事である	.659		
経験をつむことによって、より高度な仕事が与えられる	.834		
F2			
職場は友好的な雰囲気である		.731	
私と同僚の間には良好なチームワークがある		.805	
同僚の多くに好感を持てる		.769	
職場では仕事上のコミュニケーションが活発である		.799	
F3			
自分の組織の給与体系は公正、妥当なものである			.800
十分な給与をもらっている			.732
自分の組織の昇進制度は公正、妥当なものである			.725
勤めている組織の福利厚生は十分なものである			

	F1	F2	F3
F2	.770		
F3	.545	.590	

男性の長時間労働に象徴されるような拘束度の高い働き方が反映された結果、就業実態に男女で差があることを指摘している。また、女性ではキャリアの中断が起こりやすく、離職経験も男性に比べて女性のほうが多いことも示されている（武石 2020）。実際に、離職の理由は男女により異なると指摘されており、大卒の男性の離職理由は「労働時間・休日・休暇の条件」が1位であり、「自分がやりたい仕事とは異なる」「キャリアアップ」と続くのに対し、女性では「結婚・出産」が1位であり、「労働時間・休日・休暇の条件」「肉体的・精神的健康を損ねた」が続く（労働政策研究・研修機構 2017）。

このように男女で就業実態が違うことや、それに関連して離職理由も異なることを踏まえ、本研究では男女別に重回帰分析を行った（表7-4）。なお、職務満足感以外にも、業種、企業規模（従業員300以上の大企業ダミー）、年齢の影響を統制した。男性の分析結果を見ると、心理的居場所感は離職意図に対して統計的に有意な影響を与えていなかったが、

表7-4 重回帰分析の結果

	男性	女性
	β	β
業種		
情報・通信業	−.081	−.009
サービス業	−.022	.168
金融・保険業	.000	.059
流通・運輸業	.009	−.008
建設・不動産業	.002	−.008
卸売・小売業	−.056	.102
その他	−.085	.039
大企業ダミー	.017	.089
年齢	−.122*	−.071
心理的居場所感	.022	−.163*
職務内容満足感	−.398***	−.230*
人間関係満足感	.253**	.142
職場環境満足感	.003	−.304***
R^2	.097**	.251***
R^2_{adj}	.062**	.209***
N	355	243

***$p<.001$, **$p<.01$, *$p<.05$

女性の分析結果を見ると、職務満足感を統制した上でも心理的居場所感が離職意図に負の影響を与えていた（$\beta = -.163$, $p < .05$）。VIF は 1.03 〜 3.38 であり、5 を超えていなかったことから、多重共線性は生じていないと判断した。

5. 考察

　分析の結果、男性においては心理的居場所感が離職意図に有意な影響を与えていないのに対して、女性においては職務満足感を統制した上でも心理的居場所感が離職意図に有意な負の影響を与えることが確認された（表7 - 5）。よって、仮説は一部支持された。

　男女でこのような差が出た理由は、女性では離職理由として結婚・出産といった家族形成が多く挙げられるのに対し、男性ではこの理由を挙げる人の割合が少ないこと（労働政策研究・研修機構 2017）に由来すると考えられる。出産により、産休をとることを予期している女性社員を例にとって考えてみよう。職場の役に立っているという感覚や、ありのままの自分が受容されているという感覚を得られる職場は、キャリア上の転機にもうまく適応できるだろうといった実感を生み出し、長くその場で働きたいという気持ちを醸成させる可能性がある。一方で、2017 年の調査では、男性では結婚・出産といった家族形成の理由で離職をする人は少ない傾向にあった（労働政策研究・研修機構 2017）。また、同調査では男性は女性よりもキャリアアップのために離職する人の割合が多かった（労働政策研究・研修機構 2017）。そのため、離職意図に対して職務内容満足感が有意な負の影響を示すが、心理的居場所感は有意な影響を示さ

表7 - 5　本研究の結果

| 男性：心理的居場所感は離職意図に負の影響を与える | × |
| 女性：心理的居場所感は離職意図に負の影響を与える | ○ |

ないといった結果になったと考えられるが、今後男性の育休取得が増加していけば、男性にとっても心理的居場所感が重要となる可能性がある。

次に統制変数の影響についても考察する。男性の結果を見ると年齢、職務内容満足感が離職意図に有意な負の影響を与えていた。このことから、第1に20代の大卒正社員（男性）は年齢が上がるほど、離職意図が低くなる傾向にある。第2に、仕事にやりがいや達成感を感じている人ほど、離職意図が低くなる傾向にある。

次に女性の結果を見ると、職務環境満足感、職務内容満足感も離職意図に有意な負の影響を与えていた。標準化偏回帰係数の絶対値は、職務環境満足感、職務内容満足感、心理的居場所感の順に大きかった。この結果から「自分の組織の給与体系は公正、妥当なものである」「自分の組織の昇進制度は公正、妥当なものである」といった、職場環境における満足感は、特に20代の大卒正社員（女性）の離職意図を妨げる上で有効な指標であることがうかがえた。また、「今の仕事にやりがいを感じる」「今の仕事は達成感を感じられる」といった、職務内容への満足感もまた離職意図を妨げている可能性が示唆された。

6. 人材育成に向けた提案

最後に、本研究の結果明らかになったことを踏まえ、活躍する若手社員の職場への定着を図る方法を3つ提案する。なお、男女で心理的居場所感が離職に影響を与えるかどうかは異なり、さらに、統制変数である職務満足感も離職に対して有意な影響を与えていた。このことから、統制変数としてモデルに投入した職務満足感に関する結果も踏まえた提案を提示する。具体的には、離職に影響する要因に差異があり、女性では心理的居場所感、職務環境満足感、職務内容満足感が定着を促し、男性では職務内容満足感が定着を促すという結果が見られたことから、女性社員の定着を促す方法（以下の（1）①と②）、男女共通の定着を促す方法

（以下の（2））に分けて、提案を行う。

（1）女性社員の定着を促す方法
①研修や会議に工夫を加えてコミュニケーションの活性化を図る

　まず、女性社員の定着を促す方法について述べる。本研究の結果、女性では、「私は必要とされている」「私は人の支えになっている」といった感覚である心理的居場所感が高いほど離職したいと思わない傾向にあった。それに加え、「自分の組織の給与体系は公正、妥当なものである」「自分の組織の給与体系は公正、妥当なものである」といった感情を持っている人ほど、離職したいと思わない傾向にあることが確認された。以上のことより、女性の職場での定着を促すためには、心理的居場所感と職場環境満足感を高めることが重要である。

　心理的居場所感の獲得を促す方法については、中村・岡田（2019）の研究が参考になる。中村・岡田（2019）はインタビュー調査により、居場所感の低下・喪失と向上・獲得プロセスとその経験による心理的変容および、影響要因について検討し、居場所感に影響を与える要因（環境要因）として「人との関係性」「職場との関係性」「組織との関係性」を挙げている。具体的には、人との関係性の中でも心理的居場所感の獲得につながるものとして、助け合うグループ風土や、同期・同志・後輩とのつながり、認め育てようとしてくれる上司が挙げられていた。逆に、自分に対する無関心さや、ロールモデルの不在、信頼できない、尊敬できない上司は心理的居場所感の獲得を妨げるものとして提示されていた（中村・岡田 2019）。同様に心理的居場所感の獲得につながるものとして、職場の雰囲気への適応が挙げられていた（中村・岡田 2019）。

　よって、女性の若手社員の職場への定着を促すためには、同僚のつながりを生み出すことや、彼女らの成長に期待していると伝えることが有効であると考えられる（中村・岡田 2019）。例えば、Aさんは新しい部署に移動となり、心理的居場所感を感じることができなくなったため、転職を考え出した。「前の部署での仕事が楽しかったっていうのもあるんですけれど、雰囲気がとにかくよかったんです。営業から帰ってきても、

まだ先輩や同期が職場にいることが多くて、居場所があるなっていう感じがしました。今の部署は、みんなドライな感じで……。人間関係も希薄です」。Aさんのようなケースを減らすための方法の具体例としては、第1に、研修の際にお互いに助け合うことでクリアできるような課題を設定し、参加者が密にコミュニケーションをとる機会を生み出すことが挙げられる。特に近年、リモートワークなどが増えるなかで、社内の人のコミュニケーションの頻度は減少している。このことを踏まえ、研修などのフォーマルな場で意図的にコミュニケーションが増加し、その後同僚間のつながりが生まれる工夫をする必要があるだろう。第2に、会議の前などにアイスブレイクも兼ねて雑談の機会を作り、上司が部下のことを知ろうと努めることも有効である。先に、心理的居場所感の獲得においては、認め育てようとしてくれる上司の存在が有効であること（中村・岡田 2019）を述べたが、この前提として、部下がどのような人で、どのようなことに関心があるかなどを上司がよく知っている状況が必要である。よって、業務に直結しないことについても意図的に話す機会などを設けて、部下を理解するよう努めることも、若手の女性社員の定着を促す上で有効だろう。

②評価に対する納得感を生む

　次に、職務環境満足感を育むために、組織レベルでは昇進制度や給与体系を公正にする必要がある。また、職場レベルでも公正な人事を行っていることを示すために、彼女らの人事評価についてどうしてそのような判断に至ったのか丁寧に説明することや、人事評価の基準について各部署で具体的な事例を示して共有しておくことが重要である。この際、第5章で述べたように上司や先輩が若手社員のどのようなところを評価しているのかに関する思考を可視化して、より納得できるようにする方法も有効だといえる。また、普段から上司がよいと判断している基準を細かいレベルで共有するためにも、第6章で述べたように、上司が部下の業務プロセスに対してフィードバックを行わせるようにすることも有効だろう。加えて、360度評価を導入し、さまざまな立場の人から評価

する仕組みを作ることも、評価者が1人であることによるバイアスを軽減できる点において、納得感のある評価につながり得る。

（2）男女共通の定着を促す方法
①目の前の業務がどのような仕事の一部なのか、誰の役に立っているのか提示する

　男女ともに、「今の仕事にやりがいを感じる」「今の仕事は達成感を感じられる」といった感覚である職務内容満足感が高い人ほど、離職したいと思わない傾向にあることが確認された。このことから、性別に関わらず、若手社員の定着を促す上ではやりがいや達成感を感じられる仕事に従事させる、自分の仕事が誰の役に立っているのか、あるいはどのような仕事の一部なのか提示することが、重要である。

　若手社員は、初期のうちは見習いのような仕事、すなわち、その事業の核となる業務でなく、末端の作業をすることも少なくない。また、自分の仕事が誰かに役に立っているというフィードバックを、得られない場合は自分の仕事の重要性について、鈍感になってしまう場合もある。よって、若手社員の仕事はどのような仕事の一部なのかをわかりやすく示すために、部署全体の各自の業務の関係図マップを作成し、今自分が行っている仕事が間接的に社内のどのような重要な成果につながっているのかを認識できるようにする、お互いの仕事について感謝を示したいときにメッセージを送り合う、などにより、目の前の業務が誰の役に立っているのかを明確にしていくことが望ましい。

　若手社員は、会社の将来を担う大切な構成員である。自分と会社のやりがいが連結することを認識した上で定着する若手社員が増えれば、その会社はより一丸となることができる。若手社員を長く定着させつつ、他章で取り上げた観点で彼ら、彼女らが活躍するよう育成していくことこそが、今後の会社で求められることといえるだろう。

（池田めぐみ）

おわりに

土屋裕介

　私は現在、株式会社マイナビで研修サービスの事業開発責任者として活動しながら、HR領域における課題の発見や解決などを担うシンクタンク「HR Trend Lab」の所長を務めている。HR Trend Lab を立ち上げて以来、さまざまな研究者の方々とのご縁をいただいた。東京大学大学院の山内祐平さんをはじめ、本書の著者の方々との共同研究も2019年からスタートしており、今回、その成果を読者の皆様に紹介できることを、大変喜ばしく思う。

　産業界では、古くから学術界の知見が活かされてきた。一方で、学術会で日々更新されている知見が、産業界においてはアップデートされていないという声も聞く。私自身、HR領域に深く関わるうちに、最新の研究成果に触れる機会も増えてきたが、せっかくの価値ある知見が、人材開発にあまり活用されていない現実を目の当たりにして、何とも残念な思いを抱くこともあった。

　学術界では、新しい研究成果が次々と生み出されているのにもかかわらず、それがビジネスの現場では知られていないのである。実際、研究者の方々とのやりとりのなかで、学術界ではもう古いとされている言説が、ビジネスの現場では根強く残っていると指摘されたことも少なくない。産学連携が叫ばれて久しいが、こと HR 領域においては、学術会と産業界が分断されているのではないだろうか。

　学術界で眠っている価値ある知見を、何とか産業界に広めたい。そんな願いも HR Trend Lab を立ち上げた経緯に挙げられるが、実際に研究者の方々と仕事をご一緒するようになってから、学術界と産業界をつなげたいという思いは強くなる一方だ。

それまでの私は、学術界の最先端で活躍する方々を、どこか遠いところで華々しく研究をしている、まぶしい存在だと捉えていた。しかし、実際に研究をしている様子を間近で見ると、繊細な作業を粘り強く繰り返す、実直な姿に胸を打たれた。過去の膨大な研究を紐解き、これまで連綿と積み重ねられた努力の結晶の上に、また新たな努力を重ねていく。仮説を立て、検証し、思うような結果が出なければ、また違った仮説を立てる。そんな地道な研究の末に、新たな知見が生み出されていくことに執念すら感じた。

　第2章では本書で取り上げた研究の枠組みが紹介されているが、細部まで綿密に研究をデザインする苦労がうかがい知れ、本当に頭が下がる思いだ。こういった研究者の方々の姿勢に深く感銘を受け、その素晴らしい成果をいかに産業界に取り入れ、いかに実務に活かしていくかということに全力で取り組みたいと決意を新たにした次第である。

　また、産業界としても、研究の成果を甘受するだけではなく、学術界にもっと還元していく必要があると感じた。それは経済的な支援だけではない。例えば、マイナビには数多くの企業の人事担当者から多種多様な相談が寄せられるが、現場の声を学術界に届けることでも、大きく貢献できるのではないか。そのようにして学術界と産業界が互いに課題や知見を伝え合い、共存共栄を目指すことは、将来の予測が難しいVUCA（Volatility, Uncertainty, Complexity, Ambiguity）時代において、大変意義深い取り組みになるはずだ。

　目まぐるしいスピードで世の中が移り変わっている昨今、ビジネスを取り巻く環境の変化も加速し続けている。それはHR領域においても同様で、かつては大きな成果を得られた人材開発の手法が、通用しなくなっている例も見受けられる。

　一昔前よりも仕事の専門性や複雑性が格段に高まり、多くの人にあてはまる汎用的な人材開発の手法では、対応しきれないことが増えているのだ。また、人々の考え方や価値観も、多様化の一途をたどっている。今30～40代までの世代では、仕事という舞台においては考え方や価

値観を組織や集団に適合させることが強く意識されていたように思うが、それより下の世代からは個を重んじる風潮を感じ、また実際にそれが成果を生む源泉になっている場合もあるのだろう。

　私は今後、人材開発においては、「個別化」「最適化」「自律化」の3つのキーワードが重要になると考えている。先述したように、仕事の専門性や複雑性が高まると、1人ひとりに個別化した人材開発が求められる。また、AIやVRといったテクノロジーを用いたHRテックによって、人材開発の最適化も進められている。そして、ジョブ型雇用に代表される欧米型の雇用慣行に近づくほど、自律化も必要になってくるだろう。

　このような状況にあって、若年層の社員を「若手」という大きな枠組みで捉えることは、はたして時代に即しているのだろうか。私はそういった疑問から、新たな研究を人材開発に反映させることの必要性を、ひしひしと感じている。

　本書の第1章でも、労働力人口や社会保障制度の変化を背景に、人材マネジメントのあり方を戦略的に再構築する動きが加速していることが述べられ、とりわけ若手社員の人材育成については、抜本的改革が急務であることが強調されている。

　以上のような流れのなかで、私は今回、パーソナリティの研究において、新たな知見が生み出されたことに、大きな興奮を覚えた。ビジネスの現場では、採用における適性検査などにパーソナリティが言及されることはあったものの、人材の育成や定着においては、ほとんど活用されていなかったからだ。1人ひとりの個性に応じた働きかけが大切だといわれながら、現実的には「若手社員にはこうするべきだ」といった年齢層や世代の大きな枠組みのなかでの施策にとどまっていることが多かったのである。

　ここで第1章を読み返すと、学術界においても、先行する研究・理論は入社から30歳までの若年労働者を「若手社員」と一括りにし、またパーソナリティの違いなど個々の人材の特性に踏み込んだ議論も限定的

であることが指摘されている。さらに、個々のパフォーマンスに着目した「活躍する若手社員」の特徴を論じた先行研究が存在しないことも示されている。

　学術界でも研究されてこなかったのだから、ビジネスの現場でパーソナリティに着目した手法がほとんど見当たらなかったことにも頷ける。それだけに、今回の研究成果がビジネスの現場に大きな変化をもたらすのではないか、という期待感が膨らんでくるのだ。

　ビジネスの現場ではパーソナリティに着目した人材開発がほとんどおこなわれてこなかった……と述べたが、実際にマネジャーや上司が部下に指導するような場面では、パーソナリティに言及されることも多々あるだろう。しかし、そこでパーソナリティが正しく捉えられていることは、非常に少ないのが現実だ。

　職場でパーソナリティについて触れられる際に、私は大きく2つの問題が生じていると思う。

　1つは、本書でもたびたび述べられている「パーソナリティは基本的に変わらない」という事実が、理解されていないこと。「営業担当者なんだから、もっと明るくなれ！」といった言葉は、それを如実に表している。変えられないものを変えようとする行為は、教育する側にも教育される側にも不毛なことだ。第3章でも指摘されているように、まさに「無理難題」なのだが、それでも変えようとして、両者ともに疲弊してしまっているケースが多いのではないだろうか。

　そしてもう1つは、パーソナリティとスキルが混同されがちな問題である。例えば適性検査においても、パーソナリティとスキルがひとまとめに扱われていることは少なくない。結果として、スキルを伸ばそうとしているのに、パーソナリティを変えようとする働きかけになりがちなのだ。

　ここで個人的な経験を少しお話ししたい。意外だとよくいわれるのだが、私は特定のコミュニケーションに苦手意識を持っている。大勢の前

で業務上必要な話をすることはまったく苦にならないのだが、雑談やた
わいない話がうまくできない。パーティーや懇親会などでは、何を話す
べきなのか、わからなくなることもあるほどだ。かつて営業職だった頃
に、これではお客様と円滑なコミュニケーションが取れないと一念発起
し、自分なりに努力をして雑談力を身につけた。営業職に必要な雑談力
としては、及第点程度はもらえるようになったと思うのだが、それでも
苦手意識は消えていない。努力をしても、マイナスだった自己評価が、
ようやくプラスになった程度である。しかし、周囲の人たちの評価は違
った。私が無難に雑談をこなしている姿を見て、そういったことが得意
な性格だと思われたのだ。これは、パーソナリティとスキルを分離して
捉えることの難しさを表すエピソードではないだろうか。この時期に、
雑談も含めたコミュニケーションがより重視される業務を命じられてい
たとしたら、今の私はなかったかもしれない。

　ビジネスの現場において、パーソナリティと他の要素が混同されがち
な状況にあるなか、今回の研究によって、活躍する若手社員の特徴や、
活躍する若手社員の育成法について、「パーソナリティ」と「行動・環
境」の2つの面から分析されたことに、私は大きな希望を抱いた。なぜ
なら、パーソナリティを変えることはできないが、行動や環境は変えら
れるからだ。今回の研究は、今思うように仕事ができていない人も含め、
全ての働く人に希望を与えてくれるものではないだろうか。

　パーソナリティに着目することは、人材を評価する際にも有用だ。業
種や職種、あるいは企業風土によって必要とされる人材は異なるが、パ
ーソナリティという観点をうまく活用すれば、採用の段階から自社にと
って適切な人材を選別できる可能性が高まる。
　しかし、実際の採用の現場では、業種や職種に対する適性を見たり、
面接の際に人となりを感じ取ったりする程度にとどまり、どのようにパ
ーソナリティを評価すればよいのかわからない……と悩む人事担当者も
少なくない。

そもそも主観によるパーソナリティの評価は曖昧だ。評価者によって捉え方が異なるのはもちろん、その評価をどう表現するかも、評価者の数だけバリエーションがあると言っても過言ではない。第3章でも、マネジャーが部下を評価するときに個人的な「持論」を用いてしまうことが指摘されている。個々の印象から得た持論は、他のマネジャーや上司と共有できるものではないという指摘に、ハッとした読者も多いのではないだろうか。

それだけに、本章で、活躍する若手社員に共通するパーソナリティとその評価尺度が明らかにされたことには、大きな意味がある。

私は今回、ビッグファイブを手がかりに、活躍する若手社員のパーソナリティを理解するための新たな因子が示されたことに、驚きを禁じ得なかった。研究が始まったときは、ビッグファイブがビジネスの現場で長く使われていた分類法だということから、既存5因子以上の発見があるのか、実のところ半信半疑だったのだ。一方で、先にも述べたように、昨今は仕事が専門化・複雑化し、また人材それぞれの考えや価値観も多様化していることから、古典的な分類法であるビッグファイブがまだ通用するものなのか、多少の疑問も持っていた。

研究の結果、ビッグファイブの5因子に追加するべき項目として、「仕事の習熟への積極性」「成長への貪欲さ」「仕事の楽しさへの肯定性」「業績向上への積極性」の4因子が見出された。この発見から、パーソナリティを評価する際の共通言語が生まれるかもしれない。そんな思いがよぎるほど、この4因子には説得力を感じた。

とりわけ、「仕事の楽しさへの肯定性」については、私自身も、さまざまな企業や組織と接するなかで覚えのあったことだ。「仕事を楽しむ」というアプローチは、一昔前には否定的に捉えられる向きもあったと聞く。しかし現代においては、高業績企業のトップ自らが楽しそうに仕事をしている姿を積極的に見せ、またそういった企業では社員も楽しく働いているように映る。そんな時代の変遷を反映した因子ではないだろうか。

もちろん、仕事は楽しいことばかりではない。また、就労時間はほど
ほどに働き、プライベートを大事にしたいというように、仕事に対して、
そもそも楽しさを期待していない若手社員もいるだろう。それが間違っ
ているとは言わないが、そういう人たちに適切な機会を与えることによ
って、何かに目覚める可能性もあるはずだ。今回の研究結果を受けて、
私はもっと仕事の楽しさについて意識されるようになることを期待して
いる。

　第3章は、若手社員の育成にパーソナリティ尺度を活用することを提
案して締めくくられている。今後、さらなる因子が発見される可能性も
あるだろう。そのようにしてパーソナリティ尺度の研究が進むことで、
これまでの評価尺度では光が当たらなかった人材が救われる可能性もあ
る。例えば、社内の人と人、部署と部署をつなぐような人材は、従来の
評価尺度では、どうしても埋もれてしまいがちだった。パーソナリティ
尺度の研究が進むことで、より多くの人材が輝くときを楽しみにしたい。

　若手社員のパーソナリティを分析した第3章に続き、第4章ではミド
ルエイジ以降の社員のパーソナリティにも注目した研究が紹介されてい
る。若手社員とミドルエイジ以降の社員のパーソナリティを比較するこ
とで、成長過程に作用するパーソナリティを探るという試みは、人材開
発において価値ある示唆をもたらしてくれた。

　本章で語られている「パーソナリティの違いで、活躍するかどうかが
ある程度予測されてしまう」という研究結果に、ショックを受けた人も
いるかもしれない。しかし、その一方で「活躍しにくいパーソナリティ
を持つ人は、どれだけ会社から教育や経験を受けようとも活躍できない
のだろうか?」という問いのもと、活躍する人材の「行動や経験」につ
いても調査が行われている。その結果、行動や経験の観点からも、活躍
する人材とそうでない人材の間で特異な差が確認できたとされている。
希望を持てる結果ではないだろうか。

　私はこの結果に触れて、企業が個々の人材に対し、適切な行動や経験
を得られるように促すことがいかに大切か、身が引き締まるような思い

がした。また同時に、若手社員の頃から、パーソナリティに応じたスキルを身につけてもらうことが重要だとも感じた。ここでいうパーソナリティに応じたスキルには、自分の苦手な面を補うものも含まれるだろう。先ほど、私自身が苦手なコミュニケーションに対応するために、雑談力というスキルを高めた話をしたが、こういった取り組みの必要性に自分で気づく社員もいれば、そうではない社員もいるはずだ。私自身も、試行錯誤しながら取り組んだため、ずいぶん回り道をしたように思う。

　こういった行動や経験を得る計画を立てるのは、早いに越したことはない。個人の努力だけに頼るのではなく、会社や組織が積極的に関わって、戦略的かつ早期に成長計画を立てることが肝心なのである。

　若手社員のパーソナリティをつかみ、ミドルエイジ以降の将来像を描けるような人材開発を行うことは、優秀な人材の定着にもつながってくるはずだ。昨今は、3年内離職率が3割ともいわれる状況を受け、優秀な人材をつなぎとめるためのリテンションマネジメントに力を入れている企業も増えている。

　本書の第7章でも、「企業と個人の間で望ましい関係性を促進することで若手社員の職場への定着を促すことは、若手社員にとっても企業にとっても重要だといえる」と指摘されており、まさにそのとおりだと思う。

　ところで一口に退職といっても、仕事や人間関係に疲れきって退職したり、新たな経験や機会を求めて退職したりと、その理由はさまざまだ。前者をマイナビでは「疲弊退場型退職」と名づけており、働く人にとっては悪い結果だといえる。一方、後者は必ずしも悪い結果とはいえず、大きく前途が開くきっかけになることも少なくない。

　もちろん後者にも、本章で指摘されているように、「希望が実現しないリスク」や「やり直しがきかないリスク」（福島 2017）はあるだろう。それを避けるためには、退職をせずとも若い社員が適切な経験や機会を得られる環境を整えることが大切だ。

　本章でも、定着を促す施策として、「やりがいを感じられるように配

置を考慮する」といったことが挙げられているが、ここにパーソナリティも加味して、それぞれの人材に合った経験や機会、やりがいを感じられる配置を提供すれば、より効果が増すのではないだろうか。

　今後はリテンションマネジメントにおいても、パーソナリティの研究が活かされてくることを期待したい。

　仕事で得られる経験は無数に存在するが、第5章では「学ぶ（まねぶ）」に着目し、とりわけ先輩や上司の仕事における考え方や工夫について学ぶ「思考のモデリング」について詳しく分析されている。

　思考のモデリングのようなアプローチは、実際に経験したことがある人も多いのではないだろうか。私が新人の頃も、上司や先輩が何を考え、どういった意図で行動しているのかということに、よく思いを巡らせていたものだ。知らず知らずに思考のモデリングを行い、成長につなげていたケースも多かったのではないか……と想像している。

　しかし、本稿でもすでに何度か述べたように、時代は大きく変わった。今の若手のなかには、「もう時代が違うから、上司の考えていることを真似ても仕方がない」「人の考えに染まるより、自分なりに考えるほうが大切だ」と捉えている人も少なからずいると思う。

　また、指導する上司や先輩のほうも、自分の考えを押しつけることにならないか、躊躇してしまう場合もあるだろう。私自身、若い社員に自分の経験を話すときに、きちんと受け取ってくれるだろうか……と不安を感じることもある。

　今回の研究によって、思考のモデリングが具体的経験や職場における能力向上を促進されることが明らかになり、不安を抱えていた上司や先輩は、ずいぶん勇気づけられたのではないだろうか。私自身、パーソナリティについて不用意に言及しないように注意を払った上で、自分の考えをもっと積極的に伝えていきたいと感じた。

　また本章では、活躍する若手社員を育成する方法として、「上司・先輩の思考を可視化する」「行動に隠れた『なぜ』『何のために』のコミュニケーションを促す」「思考の軌跡が残るものを若手社員に伝える」の

３項目において、具体的な手段が示されている。昔と比べて人間関係が希薄になりがちな現代の職場においては、こういった方法が実践される機会を、意識してつくらなければならない。上司や先輩の思考を開示してもらう場や、自分語りができる場を設けて、アウトプットを促進することが大切なのだ。今後は、アウトプットを促す仕組みづくりやツールの開発においても貢献できる部分を探っていきたい。

パーソナリティによらない若手社員の成長の促し方については、第6章で紹介されている「ジョブ・クラフティング」に関する研究も、大きな可能性を秘めているのではないだろうか。

私は以前、株式会社サイバーエージェントで人事戦略本部本部長を務める大久保泰行さんに、タレントマネジメントの取り組みについて取材の機会をいただいたことがある。その際に、同社は大前提として「配置が人を育てる」という考え方を持っており、非常にフレキシブルに人材を動かしていることをうかがった。各現場でトップを担う人材が異動したときなどは、「その人が抜けた穴をどうするのか」という声も出てくるそうだが、その現場のナンバーツーやナンバースリーが育って、自然と穴が埋まることが多いようである。また、異動した人材に対して周囲の人たちがフォローする文化が、社員1人ひとりに浸透していることも窺い知れた。

異動や抜擢によって、その人の意識や他者との関わり方の変化を促すような同社の取り組みは、ジョブ・クラフティングそのものといえるのかもしれない。この事例から、ジョブ・クラフティングを行う際も、本人だけではなく、上司やマネジャー、同僚も含めた組織全体での取り組みが重要だということを強く感じた。

本稿では今後の人材開発において、「個別化」「最適化」「自律化」の3つのキーワードが重要になると述べた。3つのキーワードそれぞれに、組織全体での取り組みが求められるが、私は常々、企業側からのアプローチが不足しているように感じる。

企業の人事部の方々からは、若い社員に対し、もっと積極的に仕事に関わったり、自分ごととして捉えたりする姿勢が欲しい、といった自律性を求める声をよくうかがう。しかし、私はそんな声に矛盾を感じている。企業は若い社員に対し、自律に必要な環境を与えないまま、自律を求めているような気がするのだ。

　自ら意思決定をして実行するには、それにふさわしい権限が必要なのではないか。また、その結果として失敗をしたときは、何らかの責任をとる必要もあるだろう。ところが若い社員には、そんな権限もなければ、責任を取れるほどの立場も与えられていないのである。まずは自律を求める側が、環境を整えなければならないのだ。

　「場の理論」を提唱した社会心理学者のクルト・レヴィンは、「行動」は「人」と「環境」の掛け合わせによって決まるという公式を示している。人間の行動には、本人のスキルや知識、価値観、パーソナリティといった人間特性だけではなく、上司や先輩、企業風土、ビジョン、人事制度、エンゲージメントといった環境要素も大きく関わってくるのだ。

　今回、本書で紹介した研究の成果が、個人的な域にとどまらず、組織全体で活用されるようになってこそ、若い社員の行動によい影響力を発揮することができるのだろう。

　あらためて本書の内容を振り返ると、私自身、これまでおぼろげに感じていたHR領域の課題がクリアになり、いくつかの解決法も描けるようになった。

　読者の方々も、本書で紹介してきた研究の過程や成果をご覧になって、「自分の職場でも、何となく感じていたことだな」という感想を持ったのではないだろうか。この「何となく感じていたこと」が正しいかどうかを判断するのが、いかに難しいかは、今さら語るまでもないだろう。

　それだけに、現場の経験則として不確かながらも感じられていた事象が、今回きちんとした理論として整理されたことに、私は大きな価値を感じている。一連の研究で学術的な裏づけが取れたことに関しては、現場で自信を持って実践することができ、それによって、また新たな課題

を得ることもできるだろう。

　そのようにして得た課題を研究者の方々に伝えることで、さらなる研究に発展していくことも期待できる。読者の皆様の声も、ぜひお聞かせいただければ幸いだ。

　私たちの活動が、学術界と産業界の架け橋となり、働く人たちの幸せにつながることを祈って筆をおきたい。

参考文献

ABEGGLEN, J. G.（1958）*The Japanese factory: Aspects of its social organization.* Free Press, Glencoe IL（占部都美（監訳）日本の経営．ダイヤモンド社，東京）

ALLPORT, G. W., and ODBERT, H. S.（1936）Trait-names: A psycho-lexical study. *Psychological Monographs*, 47（1）：i-171

青木孝悦（1971）性格表現用語の心理−辞典的研究─ 455 語の選択，分類および望ましさの評定─．心理学研究，42（1）：1-13

ASHFORTH, B., MYERS, K. K., and SLUSS, D. M.（2012）Socialization perspectives and positive organizational scholarship. In Cameron, K. S., Spreitzer, G. M.（Eds.）, *Oxford handbook of positive organizational scholarship.* Oxford University Press, New York, pp.537-551

BARNEY, J.（1991）Firm resources and sustained competitive advantage. *Journal of man-agement*, 17（1）：99-120

BARRON, J., BERGER, M., and BLACK, D.（1999）Do workers pay for on-the-job training? *The Journal of Human Resources*, 34（2）：235-252

BENSON, G. S.（2006）Employee development, commitment and intention to turnover: a test of 'employability' policies in action. *Human Resource Management Journal*, 16: 173-192

CATTELL, R. B.（1943）The description of personality: Basic traits resolved into clusters. *Journal of Abnormal and Social Psychology*, 38（4）：476-506

COLLINS, A., BROWN, J. S., and NEWMAN, S. E.（1987）Cognitive apprenticeship: Teaching the craft of reading, writing and mathematics. （technical Report No. 403）. BBN Laboratories. Cambridge, MA. Centre for the Study of Reading. University of Illinois.

ELLIS, A. M., NIFADKAR, S. S., BAUER, T. N., and ERDOGAN, B.（2017）Newcomer adjustment: Examining the role of managers' perception of newcomer proactive behavior during organizational socialization. *Journal of Applied Psychology*, 102（6）：993-1001

EHRHART, M. G., EHRHART, K. H., ROESCH, S. C., CHUNG-HERRERA, B. G, NADLER, K., and BRADSHAW, K.（2009）Testing the latent factor structure and construct validity of the Ten-Item Personality Inventory. *Personality and Individual Differences*, 47（8）：900-905

FINEGOLD, D., LEVENSON, A., and Van BUREN, M.（2005）Access to training and its impact on temporary workers. *Human Resource Management Journal*, 15: 66-85

FISHER, C. D.（1986）Organizational socialization: An integrative review. In Rowland, K. M. and G. R. Ferris（Eds.）, *Research in Personnel and Human Resources Managemen*t, Vol.4, JAI Press, Greenwich CT, pp.101-145

藤村博之（1997）日本企業の人事管理改革. 西濃印刷株式会社, 岐阜, pp.3-35

藤島寛, 山田尚子, 辻平治郎（2005）5因子性格検査短縮版（FFPQ-50）の作成. パーソナリティ研究, 13（2）：231-241

福島創太（2017）ゆとり世代はなぜ転職をくり返すのか？：キャリア思考と自己責任の罠. 筑摩書房, 東京

GOLDBERG, L. R.（1990）An alternative "description of personality": The Big-Five factor structure. *Journal of Personality and Social Psychology*, 59（6）：1216-1229

GOLDBERG, L. R.（1992）The development of markers for the Big-Five factor structure. *Psychological Assessment*, 4（1）：26-42

GOSLING, S. D., RENTFROW, P. J., and SWANN, W. B., Jr.（2003）A very brief measure of the Big-Five personality domains. *Journal of Research in Personality*, 37（6）：504-528

濱口桂一郎（2013）若者と労働：「入社」の仕組みから解きほぐす. 中公新書ラクレ, 東京

HANNAN, M. T., and FREEMAN, J.（1984）Structural inertia and organizational change. *American Sociological Review*, 49（2）：149-164

橋本力（2017）介護老人福祉施設における介護職員のワーク・ライフ・バランスと職務満足度および離職意向との関連. 老年社会科学, 38（4）：401-409

橋本泰央, 小塩真司（2018）対人特性とビッグ・ファイブ・パーソナリティ特性との関連―メタ分析による検討―. パーソナリティ研究, 26（3）：294-296

初見康行（2018）職場の人間関係が若年者の早期離職に与える影響：アイデンティフィケーションからの実証研究. 一橋大学大学院商学研究科博士学位論文

服部泰宏（2013）企業の心理的契約　増補改訂版：組織と従業員の見えざる契約, 白桃書房, 東京

HOM, P. W., LEE, T. W., SHAW, J. D., and HAUSKNECHT, J. P.（2017）One hundred years of employee turnover theory and research. *Journal of Applied Psychology*, 102（3）：530-545

堀内泰利，岡田昌毅（2009）キャリア自律が組織コミットメントに与える影響．産業・組織心理学研究，23（1）：15-28

池田めぐみ，池尻良平，鈴木智之，城戸楓，土屋裕介，今井良，山内祐平（2020）若年労働者のジョブ・クラフティングと職場における能力向上．日本教育工学会論文誌，44（2）：203-212

池尻良平，池田めぐみ，田中聡，鈴木智之，城戸楓，土屋裕介，今井良，山内祐平（2021）思考のモデリングが経験学習と職場における能力向上に与える影響―若年労働者を対象にした調査をもとに―．日本教育工学会論文誌，46（1）：（印刷中）．

ISAKA, H.（1990）Factor analysis of trait terms in everyday Japanese language. *Personality and Individual Differences*, 11（2）：115-124

伊坂裕子（1992）日常語による性格特性用語の概念的表層構造の研究．*Japanese Psychological Research*, 34（3）：77-88

伊勢坊綾（2012）「職場学習風土」と「個人の経験学習」の関係を探究する．中原淳（編）職場学習の探究 企業人の成長を考える実証研究．生産性出版，東京，pp.73-89

石山恒貴（2020）日本企業のタレントマネジメント．中央経済社，東京

伊東昌子，渡辺めぐみ（2019）職場学習の心理学―知識の獲得から役割の開拓へ．勁草書房，東京

岩佐一，吉田祐子（2018）中高年における「日本版 Ten-Item Personality Inventory」（TIPI-J）の標準値ならびに性差・年齢差の検討．日本公衆衛生雑誌，65（7）：356-363

JOHN, O. P., NAUMANN, I. P., and SOTO, C. J.（2008）Paradigm shift to the integrative Big Five trait taxonomy: History, measurement, and conceptual issues. In O. P. JOHN, R. W. ROBINS, and L. A. PERVIN（Eds.）, *Handbook of personality: Theory and research. 3rd ed.*. Guilford Press, New York, pp.114-158

株式会社マイナビ（2015）2015 年マイナビ新入社員意識調査～ 3 カ月後の現状 ～．https://www.mynavi.jp/news/2015/07/post_9383.html（参照日2021.12.06）

加護野忠男，小林孝雄（1989）資金拠出と退出障壁．今井健一，小宮隆太郎（編），日本の企業，東京大学出版会，東京，pp.73-92

加登豊（2008）日本企業の品質管理問題と人づくりシステム．青島矢一（編）企業の錯誤／教育の迷走：人材育成の「失われた一〇年」．東信堂，東京

川本哲也，小塩真司，阿部晋吾，坪田祐基，平島太郎ほか（2015）ビッグ・ファイブ・パーソナリティ特性の年齢差と性差―大規模横断調査による検討―．発達心理学研究，26（2）：107-122

木村充（2012）職場における業務能力の向上に資する経験学習のプロセスとは：経験学習モデルに関する実証的研究. 中原淳（編）職場学習の探究 企業人の成長を考える実証研究. 生産性出版, 東京, pp. 33-71

木村充, 舘野泰一, 関根雅泰, 中原淳（2011）職場における経験学習尺度の開発の試み. 日本教育工学会研究報告集, 2011（4）：147-152

KOLB. D. A.（1984）*Experiential learning: Experience as the source of learning and development*. Prentice Hall, Englewood Cliffs NJ

厚生労働省（2019）新規学卒就職者の学歴別就職後 3 年以内離職率の推移 https://www.mhlw.go.jp/content/11652000/000557455.pdf（参照日 2021. 12.06）

厚生労働省（2020）令和元年度「能力開発基本調査」

厚生労働省（2021）一般職業紹介状況（令和 2 年 12 月分及び令和 2 年分）について https://www.mhlw.go.jp/stf/houdou/0000192005_00010.html（参照日 2021.12.06）

熊井三治, 洲崎好香, 田代美津子, 藤井眞一（2007）勤労者を対象とした新たな多面的生活ストレス調査表の妥当性と有用性について. 日本健康医学会雑誌, 16（1）：8-16

LEANA, C., APPELBAUM, E., and SHEVCHUK, I.（2009）Work process and quality of care in early childhood education. *Academy of Management Journal*, 52（6）：1169-1192

LEE, J., and LEE, Y.（2018）Job crafting and performance: Literature review and implications for human resource development. *Human Resource Development Review*, 17（3）：217-313

LI, N., HARRIS, T. B., BOSWELL, W. R., and XIE, Z.（2011）The role of organizational insiders' developmental feedback and proactive personality on newcomers' performance: An interactionist perspective. *Journal of Applied Psychology*, 96（6）：1317-1327

LI, J.（2015）The mediating roles of job crafting and thriving in the LMX-employee outcomes relationship. *Japanese Journal of Administrative Science*, 28（1）：39-51

LOUIS, M. R., POSNER, B. Z., and POWELL, G. N.（1983）. The availability and helpfulness of socialization practices. *Personnel Psychology*, 36（4）：857-866

MATSUO, M.（2014）Instructional skills for on-the-job training and experiential learning: an empirical study of Japanese firms. *International Journal of Training and Development*, 18（4）：225-240

松尾睦（2017）OJT とマネジャーによる育成行動. 中原淳（編）, 人材開発研究大全. 東京大学出版会, 東京, pp.243-258

McAdams, D. P., and de St. Aubin, E. D. (1992) A theory of generativity and its assessment through self-report, behavioral acts, and narrative themes in autobiography. *Journal of Personality and Social Psychology*, 62 (6): 1003-1015

McCRAE, R. R., and COSTA, P. T. (1987) Validation of the five-factor model of personality across instruments and observers. *Journal of Personality and Social Psychology*, 52 (1): 81-90

McCRAE, R. R., and COSTA, P. T. (1989) Different points of view: Self-reports and ratings in the assessment of personality. In J. P. FORGAS and J. M. INNES (Eds.), *Recent advances in social psychology: An international perspective*. Elsevier Science Publishers, North-Holland, pp.429-439

MISCHEL, W. (1968) *Personality and assessment*. Wiley, New York

森永雄太, 鈴木竜太, 三矢裕 (2015) 従業員によるジョブ・クラフティングがもたらす動機づけ効果：職務自律性との関係に注目して. 日本労務学会誌, 16：20-35

守島基博 (2014)「職場寒冷化」と働く人のメンタルヘルス―経営学の視点から―. 学術の動向, 19 (1)：66-69

守島基博 (2021) 全員戦力化 戦略人材不足と組織力開発, 日本経済新聞出版, 東京

MUCK, P. M., HELL, B., and GOSLING, S. D. (2007) Construct validation of a short five-factor model instrument: A self-peer study on the German adaptation of the Ten-Item Personality Inventory (TIPI-G). *European Journal of Psychological Assessment*, 23 (3)：166-175

向日恒喜 (2019) 職場における心理的居場所感が知識獲得行動に与える影響. 経営情報学会 2019 年春季全国研究発表大会要旨集, 288-291

村上宣寛 (2003) 日本語におけるビッグ・ファイブとその心理測定的条件. 性格心理学研究, 11 (2)：70-85

村上宣寛, 村上千恵子 (2008) 主要 5 因子性格検査ハンドブック改訂版. 学芸図書, 東京

無藤隆, やまだようこ, 南博文, 麻生武, サトウタツヤ (編) (2004) ワードマップ質的心理学―創造的に活用するコツ―. 新曜社, 東京

中原淳 (2010) 職場学習論. 東京大学出版会, 東京

中原淳 (2012) 経営学習論. 東京大学出版会, 東京

中村准子, 岡田昌毅 (2016) 企業で働く人の職業生活における心理的居場所感に関する研究. 産業・組織心理学研究, 30 (1)：45-58

中村准子, 岡田昌毅 (2019) 企業で働く人の職業生活における心理的居場所感の変容プロセスと影響要因に関する探索的研究. 産業・組織心理学研

究，33（1）：19-33

日本生産性本部・日本経済青年協議会（2019）新入社員「働くことの意識」調査．日本生産性本部・日本経済青年協議会

日本経営者団体連盟（1996）「新時代の日本的経営」についてのフォローアップ調査報告．労務研究，580：28-32

二村英幸，今城志保，内藤淳（2000）管理職層を対象とした性格検査・知的能力検査の妥当性のメタ分析と一般化．経営行動科学，13（3）：159-167

西村文元（2014）分散マネジメントはプレイングマネージャー化したミドルマネージャーの負荷軽減に寄与するか．商大ビジネスレビュー，4（1）：117-152

則定百合子（2008）青年期における心理的居場所感の発達的変化．カウンセリング研究，41（1）：64-72

尾形真実哉（2008）若年就業者の組織社会化プロセスの包括的検討．甲南経営研究，48（4）：11-68

尾形真実哉（2017）組織社会化研究の展望と日本型組織社会化．中原淳（編），人材開発研究大全，東京大学出版会，東京，pp.243-258.

尾形真実哉（2020）若年就業者の組織適応：リアリティ・ショックからの成長．白桃書房，東京

大野木裕明（2004）主要5因子性格検査3種間の相関的資料．パーソナリティ研究，12（2）：82-89

小塩真司，阿部晋吾，カトローニピノ（2012）日本語版Ten Item Personality Inventory（TIPI-J）作成の試み．パーソナリティ研究，21（1）：40-52

太田聰一，玄田有史，近藤絢子（2007）溶けない氷河．日本労働研究雑誌，569：4-16

大竹文雄，猪木武徳（1997）労働市場における世代効果．浅子和美，吉野直行，福田慎一（編），現代マクロ経済分析転換期の日本経済．東京大学出版会，東京，pp.56-68

PARKER, S. K., BINDL, U. K., and STRAUSS, K.（2010）Making things happen: A model of proactive motivation. *Journal of Management*, 36（4）：827-856

パーソルキャリア株式会社（2019）若手層はプライベート重視なのか？　20代・30代の「はたらく価値観」本音調査2019. https://www.dodadsj.com/content/191029_working-values/（参照日2021.12.06）

労働政策研究・研修機構（2003）調査研究報告書No. 161組織の診断と活性化のための基盤尺度の研究開発．https://db.jil.go.jp/db/seika/2003/E2003110011.html（参照日：2021.12.06）

労働政策研究・研修機構（2017）若年者の離職状況と離職後のキャリア形成

（若年者の能力開発と職場への定着に関する調査）．https://www.jil.go.jp/
institute/research/2017/documents/164.pdf（参照日：2021.12.06）

労働政策研究・研修機構（2021）人材育成と能力開発の現状と課題に関する
調査．https://www.jil.go.jp/press/documents/20210205.pdf（参 照 日
2021.12.06）

産労総合研究所（2019）2019 年度（第 43 回）教育研修費用の実態調査．産
労総合研究所

佐藤厚（2013）新時代のマネージャー・リーダー人材の役割と育成～研究サ
ーベイを中心に．生涯学習とキャリアデザイン，10：3-23

SCHEIN, E. H.（1978）*Career dynamics: Matching individual and
organizational needs.* Addison-Wesley, Boston（二村敏子・三善勝代（訳）
キャリア・ダイナミクス．白桃書房，東京）

関口倫紀（2010）大学生のアルバイト経験とキャリア形成．日本労働研究雑
誌 52（9）：67-85

下仲順子，中里克治，権藤泰之，高山緑（1998）日本版 NEO-PI-R の作成
とその因子的妥当性の検討．性格心理学研究，6（2）：138-147

SLUSS, D. M., and THOMPSON, B. S.（2012）Social-izing the newcomer:
The mediating role of leader-member exchange. *Organizational
Behavior and Human Decision Processes*, 119（1）：114-125

十川廣國（2000）ミドル・マネジメントと組織活性化．三田商学研究第 43
巻特別号，慶應義塾大学商学会，15-22

SOTO, C. J., JOHN, O. P., GOSLING, S. D., and POTTER, J.（2011）Age
differences in personality traits from 10 to 65: Big Five domains and
facets in a large cross-sectional sample. *Journal of Personality and Social
Psychology*, 100（2）：330-348

SRIVASTAVA, S., JOHN, O. P., GOSLING, S. D., and POTTER, J.（2003）
Development of personality in early and middle adulthood: Set like
plaster or persistent change? *Journal of Personality and Social Psychology*,
84（5）：1041-1053

鈴木智之，城戸楓，池尻良平，田中聡，池田めぐみ，山内祐平，土屋裕介，
今井良（2020）若年労働者のパーソナリティ構造―わが国の代表的尺度
を用いた確証的因子分析を通して―．日本パーソナリティ心理学会年次
大会発表論文集，11

鈴木智之，池尻良平，池田めぐみ，山内祐平（2021）若年労働者のパーソナ
リティ特性表現に関する共通性と独自性―職場における活躍と伸び悩み
に着眼して―．質的心理学研究，20（1）：7-31

高田健二，川村大伸（2018）学生アルバイト従業員のストレッサー・知覚さ
れた組織的支援・離職意思の関係．日本経営工学会論文誌，69（2）：47-

60

髙橋潔（2010）人事評価の総合科学―努力と能力と行動の評価―. 白桃書房, 東京

高橋弘司（1993）組織社会化研究をめぐる諸問題. 経営行動科学, 8（1）: 1-22

高尾義明（2019）ジョブ・クラフティング研究の展開に向けて：概念の独自性の明確化と先行研究レビュー. 経済経営研究, 1：81-105

武石恵美子（2020）働く女性の現状と政策. 佐藤博樹, 武石恵美子（編）女性のキャリア支援. 中央経済社, 東京

竹内規彦, 竹内倫和（2009）リーダーシップ研究におけるメソ・アプローチ：レビュー及び統合. 組織科学, 43（2）: 38-50

田中聡, 石山恒貴（2020）職場の人間関係が中高年正社員の職務パフォーマンスに与える影響：居場所役割感の媒介. 人材育成研究, 15（1）: 3-16

寺畑正英（2009）若年層における継続就業の要因. 経営論集（東洋大学）, 74：213-219

TERRACCIANO, A., McCRAE, R. R., BRANT, L. J., and COSTA, P. T., Jr. (2005) Hierarchical linear modeling analyses of the NEO-PI-R Scales in the Baltimore Longitudinal Study of Aging. *Psychology and Aging*, 20 (3)：493-506

朝永昌孝（2006）仕事にかかわる意識. ベネッセ教育総合研究所, 若者の仕事生活実態調査報告書― 25 ～ 35 歳の男女を対象に―［2006 年］. https://berd.benesse.jp/berd/center/open/report/wakamono/2006/pdf/wakamono_data04.pdf（参照日 2021.12.06）

都澤真智子, 二村英幸, 今城志保, 内藤淳（2005）一般企業人を対象とした性格検査の妥当性のメタ分析と一般化. 経営行動科学, 18（1）: 21-30

辻平治郎, 藤島寛, 辻斉, 夏野良司, 向山泰代ほか（1997）パーソナリティの特性論と 5 因子モデル―特性の概念, 構造, および測定―. 心理学評論, 40（2）: 239-259

内田照久（2002）音声の発話速度が話者の性格印象に与える影響. 心理学研究, 73（2）: 131-139

和田さゆり（1996）性格特性用語を用いた Big Five 尺度の作成. 心理学研究, 67（1）: 61-67

VAN MAANEN, J. E. and SCHEIN, E. H. (1979) Toward a theory of organizational socialization. In B. M. STAW (Ed.), *Research in organizational behavior*, (1), JAI Press, Greenwich CT, pp.209-266.

WANOUS, J. P. (1992) *Organizational entry: Recruitment, selection, orientation, and socialization of newcomers*. Prentice Hall, NJ

WESELER, D., and NIESSEN, C. (2016) How job crafting relates to task performance. *Journal of Managerial Psychology*, 31（3）：672-685

WRZESNIEWSKI, A., and J. E. DUTTON.（2001）Crafting a job: Revisioning employees as active crafters of their work. *Academy of Management Review*, 26（2）：179-201

YAMAGATA, S., SUZUKI, A., ANDO, J., ONO, Y., KIJIMA, N. *et al.*（2006）Is the genetic structure of human personality universal?: A cross-cultural twin study from North America, Europe, and Asia. *Journal of Personality and Social Psychology*, 90（6）：987-998

山本寛（2002）組織従業員のキャリア・プラトー現象と昇進の原因帰属　原因帰属理論の観点から．経営行動科学，16（1）：1-14

山本寛（2007）組織従業員のHRM認知とリテンションとの関係―キャリア発達の観点から．産業・組織心理学研究，20（2）：27-39

厨子直之，井川浩輔（2012）ナレッジワーカーのパフォーマンス・マネジメント：ソーシャル・サポートと離職の関係における職務満足・組織コミットメントの媒介効果．経営行動科学，25（2）：113-128

編著者紹介

［編著者］
山内祐平（やまうち　ゆうへい）　［はじめに］
東京大学大学院情報学環 教授
1967 年生まれ。大阪大学大学院人間科学研究科博士後期課程中退。博士（人間科学）。茨城大学講師、助教授を経て 2000 年東京大学大学院情報学環准教授。2014 年より現職。専門は情報化社会における学習環境のデザイン。開発研究とフィールドワークを連携させた研究を展開している。著書に『ワークショップデザイン論』（共著、慶應義塾大学出版会）、『学習環境のイノベーション』（東京大学出版会）など。

［著者］
田中　聡（たなか　さとし）　［第 1 章］
立教大学経営学部 助教
1983 年生まれ。東京大学大学院学際情報学府博士課程修了。博士（学際情報学）。パーソル総合研究所リサーチ室長・主任研究員などを経て 2018 年より現職。専門は人材開発・チーム開発。主な著書に『経営人材育成論』（東京大学出版会）、『チームワーキング』（共著、日本能率協会マネジメントセンター）など。2018 年度経営行動科学学会学会賞（奨励研究賞）、2019 年度人材育成学会学会賞（研究部門奨励賞）受賞。

池尻良平（いけじり　りょうへい）　［第 2 章、第 5 章］
東京大学大学院情報学環 特任講師
1985 年生まれ。東京大学大学院学際情報学府博士課程満期退学、2014 年に博士号（学際情報学）を取得。東京大学大学院情報学環、特任助教を経て 2017 年より現職。歴史を現代の問題解決に応用できるゲーム教材を開発している。共著に『歴史を射つ』（御茶の水書房）、『ゲームと教育・学習（教育工学選書Ⅱ）』（ミネルヴァ書房）など。2013 年日本教育メディア学会井内賞受賞。2016 年全国社会科教育学会研究奨励賞受賞。2018 年度日本教育工学会研究奨励賞受賞。

鈴木智之（すずき　ともゆき）　［第 3 章］
名古屋大学大学院経済学研究科産業経営システム専攻 准教授。名古屋大学経済学部経営学科 准教授
1976 年生まれ。東京工業大学大学院社会理工学研究科人間行動システム専攻博士課程修了。博士（工学）。アクセンチュア株式会社マネジャー、wealth

share 株式会社代表取締役社長などを経て 2021 年より現職。専門は採用・選抜研究、労働者のパーソナリティ研究、人事アセスメント研究。主な論文に「採用選考面接の評価者間信頼性の実証分析：係数の複眼的検討と 2 群化による分析」(日本労務学会誌) など。東京大学大学院情報学環 客員准教授を兼務。

城戸　楓（きど　かえで）［第 4 章］
東京大学大学院情報学環 特任助教
1981 年生まれ。大阪府立大学大学院人間社会学研究科博士後期課程修了。博士（人間科学）。大阪教育大学教員養成開発連携センターにおいて特任助教として大学調査（IR）に従事した後、2019 年より現職。株式会社マイナビ HRTrend Lab 招聘研究員。主な論文に「Serialorder leaning of subliminal visual stimuli: evidence of multistage learning」(Frontier in Psychology)、「遊びながら学ぶ防災プログラムにおける学習効果の持続」(日本教育工学会論文誌) など。

池田めぐみ（いけだ　めぐみ）［第 6 章、第 7 章］
東京大学社会科学研究所附属 社会調査・データアーカイブ研究センター 助教
1991 年生まれ。東京大学大学院学際情報学府博士課程満期退学、2020 年に博士号（学際情報学）を取得。東京大学大学院情報学環、特任研究員を経て 2020 年より現職。主な論文に「若年労働者のジョブ・クラフティングと職場における能力向上」(日本教育工学会論文誌)、「大学生の準正課活動への取り組みがキャリアレジリエンスに与える影響：他者からの支援や学生の関与を手掛かりに」(日本教育工学会論文誌) など。

土屋裕介（つちや　ゆうすけ）［おわりに］
株式会社マイナビ 教育研修事業部 事業開発統括部 統括部長
1983 年生まれ。日本大学経済学部卒。国内大手人事コンサルティング会社などを経て、2013 年に㈱マイナビに入社、2020 年より現職。研修プログラム・アセスメントセンター・サーベイなど人材開発／組織開発分野の商品開発に従事。また、2018 年に企業内研究機関「HR Trend Lab」を株式会社マイナビ内に設立し所長を務め、産学連携の強化を推進している。共著に『なぜ、学ぶ習慣のある人は強いのか』(日本経済新聞出版) など。

活躍する若手社員をどう育てるか
──研究データからみる職場学習の未来

2022年2月5日　初版第1刷発行

編著者──────山内祐平
発行者──────依田俊之
発行所──────慶應義塾大学出版会株式会社
　　　　　　　〒108-8346　東京都港区三田2-19-30
　　　　　　　TEL 〔編集部〕03-3451-0931
　　　　　　　　　〔営業部〕03-3451-3584〈ご注文〉
　　　　　　　　　　〃　　　03-3451-6926
　　　　　　　FAX 〔営業部〕03-3451-3122
　　　　　　　振替00190-8-155497
　　　　　　　https://www.keio-up.co.jp/
装　丁──────Primus design
組　版──────株式会社キャップス
印刷・製本──────中央精版印刷株式会社
カバー印刷──────株式会社太平印刷社

慶應義塾大学出版会

ワークショップデザイン論 第2版
創ることで学ぶ

山内祐平・森玲奈・安斎勇樹 著

ワークショップの「企画─運営─評価」のサイクルを、理論をもとにわかりやすく解説する構成はそのままに、第2版では、適切な課題設定の仕方や、ファシリテーションについての最新の知見も盛り込み、さらに利便性を向上。

A5判変型／並製／264頁
ISBN 978-4-7664-2720-2
定価 1,980円（本体 1,800円）
2021年1月刊行